담배에 관한 짧고
아름다운 한 권의 책

담배에 관한 짧고
아름다운 한 권의 책

박정대 산문집

우리가 몸담고 있는 이 세계에 대한
어쩔 수 없는 연민, 과격한 인용과 변용
— 장드파

손에는 담배를 탁자에는 찻잔을
그 외 나머지는 모두 우리의 내면에 있다
— 빅토르 최

대중의 취향에 따귀를 때리라던
블라디미르 마야콥스키의 말은 옳다
대중들은 자꾸만 그들의 눈높이로 예술가를 끌어
내리려 하고
예술가들은 자꾸만 그들의 눈높이로 대중을 끌어
올리려 한다
그러니 이 땅의 가난한 예술가들이여,
굴종과 타협을 하나의 미덕으로 제시하는
자본주의의 교묘한 시스템에 퍽큐를 날려라
문화 권력과 사회 기득권자들은
온화하고 부드러운 미소로 그대를 환영한다
그대를 자신들의 방법으로
길들일 수 있다고 생각하기 때문이다
끝까지 저항하고 반항하라
그대가 속해 있는 이 세계는 또 하나의 허상이다

*

담배 한 대를 피우는 동안 이 글들을 썼고
담배 한 대를 다 피울 때면 이 글들을 마쳤다
담배처럼 짧고 아름다운 책을 쓰고 싶었다

숨을 들이마시고 숨을 내뱉듯
스스로 오래 생각에 잠길 수 있는 책을 쓰고 싶었다

이런 생각과 글들이 모여
담배에 관한 짧고 아름다운 한 권의 책을 이루었다

열망은 고통을 동반하지만 열망이 사라진 세계는
고통 자체였다
이 세상에 절대 고독이 없듯 완전한 이별 또한 없
을 것이다

이 글이 당신과 나를 만나게 할 수 있다면
허공을 지나온 빛과 온도로 언젠가 우리 만나리

차갑게 식은 입술로 말하노니
눈발이여, 너는 갸륵한 사랑의 다른 이름이었다

너는 무한히 흩어지려 하지만 나는 너를 잊은 적
없다

바람이 불 때마다 펄럭이는
이 세계는 시가 적힌 한 장의 종이에 지나지 않는다

2025년 시월, 이절에서의 눈송이 낚시에서

오랑캐 이 강 — 박정대

차례

담배에 관한 짧고 아름다운 한 권의 책

2부 허공을 걷는 해금奚琴

3부 비 내리는 태양의 서커스

4부 리스본 무용총서

프랑스에 시인 아르튀르 랭보가 있다면, 한국에는 아무도 모르는 (심지어 나도 잘 모르는) 오랑캐 이 강 — 박정대가 있소. 이 산문집에 묶인 글들은 겉보기에는 무척이나 추상적 느낌을 주지만 한결같이 어떤 세계관을 드러내고 있소. '나는 영혼이 존재하는 것처럼, 외부 세계가 존재한다고 믿는 사람이오'라고 콧수염의 제왕 장드파는 말했는데 이때 그가 내세운 것이 바로 그 세계관이오. 이 『나전 칠보집Emaux et Cams이라 불리는 여진의 용맹과 긍지』의 저자는 함타이치, 리산, 파르크 제영, 강정, 옥, 샤를 보들레르, 로트레아몽, 말라르메, 발레리, 르네 샤르 등 결단코 외향적이고 단순하고 태양적이며 눈부시게 밝아지고자 하는 오랑캐 시인들에 속한다는 점에 유의할 필요가 있소. 이 책에서는 시간보다 공간이 더 중요하오(아니 시간도 중요하오), 눈이 왕이오(마음은 왕비요), 눈은 마음보다 중요하오(아니 마음도 중요하오), 미묘한 심리학이나 축축한 내면생활 같은 것은 알 바가 아니요(아니 그런 것들도 중요하오), 존재와 사물의 아름다움과 이상함, 묘한 생김새나 맛은 행복하고도 만족을 모르는 사냥꾼에게 충분한 보람과 보상을 가져다주오. 인간의 근원적인 열정은 다름 아닌 호기심이오, 아담과 이브에게 지혜의 열매를 따먹게 시킨 것도 바로 그 호기심이니까 말이오, 호기심은 곧 발견하고 보고 알려는 욕구, 그리고 예찬하고자 하는 욕구, 저항하며 떠도는 말들의 궁극적 그림자를 추적하려는 욕구요

예찬보다 더 좋은 것은 없소, 어떤 아름다운 음악가, 한 마리 우아

한 말, 어떤 장엄한 풍경, 심지어 지옥처럼 웅장한 공포 앞에서 완전히 손들어버리는 것, 그것이 바로 삶에 의미를 부여하는 것이오, 예찬할 줄 모르는 사람은 비참한 사람이오, 그와는 결코 친구가 될 수 없소, 우정은 함께 예찬하는 가운데서만 생겨나는 것이기 때문이오, 우리들의 한계, 모자람, 왜소함은 눈앞으로 밀어닥치는 숭고함 속에서 치유될 수 있소, 잉마르 베르히만이 말했듯이 요한 세바스찬 바흐는 신에 대한 우리의 불경을 위로해주오, 아니 이렇게 덧붙여도 좋겠소, 우리의 하찮음은 시를 읽는 가운데 사라지고, 우리의 외설스러움은 시를 읽는 동안 성스러운 사랑으로 변모하오, 그리고 이 세계의 변방을 떠도는 예술의 고아들(사실은 그들이 이 세계의 중심이오)의 몇몇 작품들과 폴 발레리의 『노트』는 우리의 어리석음을 빛나는 지성으로 바꿔놓소

이 책은 그래서 이 세계의 무궁무진한 풍요로움을 예찬하고 허공을 떠도는 말들의 그림자를 추적하오, 네발짐승의 걸음걸이, 무릎의 근본적인 가치, 썰물로 드러나는 모래톱의 비밀들, 고슴도치들의 야간 산책, 서로 미워하고 또 뿌리 깊게 사랑하는 나무들, 시를 찾아가는 동방박사, 시를 나눠주는 산타클로스, 양아치 탐정이며 성자인 파올로 그로쏘, 막달라 마리아 같은 그대, 그리고 미디어에 희생당하기 이전의 저 숱한 남녀들, 그리고 끝으로 지금 강 저편에 가 있는, 그래서 정답게 우리를 부르는 친구들, 이 책은 그런 것을 알뜰하게 담고 있소

1부 추운 말을 타고 남쪽으로

너의 이름

열렬한 사랑의 힘으로 밥을 먹고 시를 쓰고 밤을 지새운 다, 혁명은 다소 초조해하지만 촛불이 횃불이 되고 횃불이 들불이 되어 번지는 아무도 모르는 사랑의 힘, 내란의 밤은 금세 진압될 것이다

새들이 물고 오는 아침의 햇살들 자작나무 어깨 위에서 빛날 때 나는 너의 이름을 부른다, 너의 이름을 호주머니 속에 넣고 따스하게 매만지며 아침 산책길을 걷는다, 혁명이여, 열렬한 사랑의 힘으로만 부를 수 있는 나의 노래여

동사서독東邪西毒의 날들
― 대굴령 명태덕장

명태에도 균이 있다면 바람에 말려야지
눈비 맞고 얼었다 녹았다 반복하며 아름다운 황태로 만
들어야지

그래야 어느 추운 아침
소주 한 잔에
시원한 황태 국물 마실 수 있을 테니

아직 정신 못 차린 명태들이 있다면
소설가 김도연이
대굴령이라 말하는 대관령에서
굵고 힘센 칼바람의 주먹에
몇 대는 더 얻어터져야겠지

가수 강산에는 노래를 불러 명태를 '시'의 반열에 올려놓
았는데
요즘 명태에는 균이 많아 명태 스스로가 참담해한다

생각 있는 명태들은 스스로 걸어, 대굴령으로 가고자 한다

생각해보면, 우리가 보낸 대부분의 계절이 정치와 치정의
날들이었나니

노가리는 앵치!(1)
(1) 강산에, 〈명태〉에 나오는 구절이다

양간지풍이여,
쓰레기 같은 지상의 날들을
지상 밖으로!
날려 보내라!

대굴령 명태덕장에는
4월에도 주먹 같은 눈 펑펑 내리느니
아직도 정신 못 차리는 이 세상의 참담은
대굴령 명태덕장으로 보내라!

안녕, 다다를 수 없는 모든 세계
— 제영에게

겨울은 여러 달 동안 계속되었다

오월이 되어서야 비로소 해가 났다

낮게 떠 있던 구름은 걷혔다

하늘이 푸르러지면서 대지를 뜨겁게 달구기 시작했다

산들이 더할 수 없이 아름다웠다

더위는 사이공에서보다는 덜 지독했다

미풍이 불어 공기가 맑게 씻기었다

안남에는 절대로 회오리바람이 불어오는 법이 없었다

　회오리는 산 위에서 허물어지고 소란스럽게 바람으로 풀
려서 고개와 골짜기들로 몰려들어갔다

　그럴 때면 하늘이 어두워졌다

버림받았다는 느낌을 가눌 수 없었다

농부들은 자기네 오막살이 마을들에 따로 떨어져들 있어서 별로 눈에 띄지 않았다

큰비가 오려고 할 때는 어둡고 초록빛 나는 산의 면이 불안감을 자아냈다

모두들 숲가에나 짚과 진흙으로 지은 헛간 속으로 몸을 피했다(1)

(1) 크리스토프 바타이유, 『다다를 수 없는 나라』를 읽다가 네 생각을 했다, 이 책에 나오는 선교사들처럼 지금 네 마음이 그럴 것이다

너는 시인이니까, 남만 격렬족 문장 수선공이니까, 지금 이 나라가 도무지 다다를 수 없는 나라처럼 느껴질 것이다, 나도 그렇다

그러나 지금은 모두들 숲가에나 짚과 진흙으로 지은 헛간 속으로 몸을 피할 때

겨울 지나고 큰비 지나면 메콩 강은 황금빛 물결로 빛나리니

우리가 꿈꾸는 나라는, 이미 자작나무 공화국 푸른 이파리 속에 있으리니

안녕, 우리 이미 당도했던
다다를 수 없는 모든 세계여

동사서독 강독회
— 허공을 떠도는 비극적 사랑 이야기

모두가 사랑하는데 아무도 사랑받지 못한다, 영화 〈동사서독〉을 한마디로 요약하자면 이렇게 말할 수 있다

구양봉(장국영)은 무림의 고수가 되기 위해 사랑하는 여인(장만옥)을 두고 고향 백타산을 떠난다, 자신을 기다려주리라 믿었던 그녀는 이제 형의 아내가 되었고, 구양봉은 절세의 무공과 냉정한 마음을 지닌 해결사가 되어 사막에 있는 그의 여관에서 지낸다, 그의 여관을 방문하는 손님들은 서로 엇갈린 인연에 상처를 안고 있다

해마다 복사꽃이 필 무렵이면 취생몽사라는 술을 들고 나타나는 황약사(양가휘), 황약사를 증오하면서도 그를 사랑하는 모룡언(연)(임청하), 친구(황약사)와 불륜을 저지른 아내(도화녀, 유가령)를 떠나왔지만 죽도록 그녀를 사랑하는 맹인무사(맹무살수, 양조위), 관군에게 무참히 죽은 가족의 복수를 하고 싶지만 그럴 돈이 없는 한 소녀(양채니) 등이 사막의 여관에 머무는 객이다

구양봉(화자, 장국영), 황약사(양가휘), 백타산 형수(장만

옥), 맹무살수(양조위), 도화녀(유가령), 모룡언(연)(임청하) 등의 인물이 제각각의 이유로 사랑을 하지만 또 제각각의 이유로 짝사랑에 머물게 되고, 끝내 사랑을 받지 못한다

가령 이런 구도다. a는 b를 사랑하고, b는 c를, c는 d를, d는 e를 사랑한다. 즉 a, b, c, d, e는 모두 사랑을 하지만 결국 아무도 사랑받지는 못한다. 서로 주고받는 사랑이 아닌, 어긋난 사랑, 짝사랑이기 때문이다

1994년 무렵 명보극장에서 이 영화를 본 이후, 나는 1997년에 나온 첫 시집 『단편들』에서 〈동사서독〉을 시에 적극적으로 차용했다. 무협지 원작의 영화를 시에 차용하는 것에 대해 사람들은 궁금했나보다. 이후 국내 여러 사람들이 '동사서독 강독회' 같은 모임을 갖는다는 것을 알았다. 내가 명보극장에서 보았던 〈동사서독〉을 비디오테이프로 나는 아직도 소장하고 있다. 물론 비디오 플레이어도 여전히 가지고 있다

최근에 넷플릭스에 공개된 〈동사서독 리덕스〉를 다시 보았다. 줄거리 위주로 다시 편집돼 관람자의 편의를 돕고 있

으나 극장판으로 개봉됐을 때보다는 상상력과 긴장감이 떨어진다. 나로서는 극장판보다는 밋밋한 영화로 보였다. 뭐아무튼 〈동사서독〉은 빅토르 최와 더불어 내 첫 시집을 이루는 하나의 기둥이었음을 부인하지는 않는다

한 편의 좋은 영화, 한 권의 좋은 책은 척박한 현실에서 좋은 시를 쓰는 원동력이 된다. 허공을 떠도는 쓸쓸하고 비극적 사랑 이야기가 그 당시의 나에겐 또 하나의 커다란 위안이었나보다

칠레의 모든 기록

1985년 계엄령 하의 칠레에 잠입하여 모든 기록을 촬영한 미겔 라틴의 기적적인 6주일이, 가브리엘 가르시아 마르케스의 유려하고 생생한 필치로 다시 기록된 책이 『칠레의 모든 기록』이다. 나는 조구호 번역으로 국내에 출간된 이 책을 1989년에 읽었다

이 책에는 인상적인 에피소드가 여럿 있지만, 나에게는 미겔 라틴의 어머니에 대한 부분이 인상적이었다

"서재 안에 들어가보니, 내가 언제 서재를 버리고 떠났나 싶을 정도로 그야말로 그대로였다. 내가 놓아두었던 그대로, 내 평소 습관처럼 꼭 그만큼 너저분하게, 내가 평생 동안 써왔던 종이들이며 내가 젊었을 때 썼던 극작품들, 영화 시나리오, 무대 스케치 같은 것들이 정말 그대로 놓여 있었다. 서재 안 공기까지도 같은 색깔이었고, 같은 냄새가 났다. 마치 내가 서재를 마지막으로 보았던 같은 날짜, 같은 시각에 서재 안에 있는 것 같았다

말로 표현할 수 없는 깊은 감회가 밀려와 몸이 부들부들 떨렸다. 왜냐하면 그 순간 어머니가 그토록 세세하게 내 서

재를 그대로 옮겨 다시 지어놓으셨던 이유가 언젠가 내가 돌아왔을 때 집이 낯설어 보이지 않도록 하기 위해서였거나, 아니면 내가 망명지에서 죽게 되었을 때 나를 더 잘 기억할 수 있도록 하기 위해서였을 거라는 생각이 들었기 때문이다"

아들이 망명을 떠날 때, 서재를 해체하여 안전한 곳에 보관했다가 상황이 다소 안정됐을 때 다시 원래 자리에 아들의 서재를 완벽하게 복원하는 어머니의 마음

어머니의 위대한 사랑은 서재를 통째로 뜯어 옮기는 것인지도 모른다

나에게도 그런 어머니가 계셨다, 내 글이 적혀 있는 건 종이 쪼가리 하나 버리지 않고 박스에 모아 두었던 어머니, 이제는 더 이상 이 지상에 계시지 않는다

불란서 고아의 지도가 바람에 펄럭인다, 마음은 실체가 없는 거라지만 바람 부는 날, 저토록 펄럭이는 것은 분명 누군가의 마음이다

혁명도, 언어도 사라진 시대에 누군가는 혁명적 언어의 시간에 대하여 말한다, 왜 그럴까? 그 누군가는 아직도, 여전히, 인류에게 연민을 느끼며 허공을 떠도는 유령, 천사, 시인이기 때문

지금은 말을 타고 바깥으로 달려 나갈 시간
내면에서 끄집어낸 말을 타고
바깥의 무한으로, 무한의 내면으로
다시 달려 나갈 시간

눈이 쌓이고, 눈이 녹고
눈은 다시 쌓일 테니
바람 부는 지상의 들판에는
덜컹거리지 않는 풀잎 또한 없을 테니

가난한 겨울 한철
메마른 대지 위로 삐져나와
이제 겨우 숨소리를 내는 풀잎열차여

지금은 말을 타고 바깥으로 달려 나갈 시간
바깥의 무한으로, 무한의 내면으로
다시 질주할 시간

얼어붙고 봉인됐던 불꽃을 해제할 시간
말 머리에 불꽃을 높이 들고
별빛을 향해 나아갈 시간

저잣거리의 온갖 말들을 지나
인류를 꿈꾸게 할, 별빛 같은

혁명적 언어에 닿을 시간

언어의 속살에 닿을 시간

길의 남쪽

　날씨가 싸늘하니까 길의 남쪽이라는 말이 떠올랐다, 길의 남쪽에는 옛 친구들이 있고 청춘의 북쪽에는 옛 애인이 있다

　서러움의 남쪽에는 첫사랑이 있고 그리움의 동쪽에는 푸른 숲의 파도 넘실거리는 고향이 있다, 생은 가도 가도 서쪽이어서 도무지 저물 줄 모른다

　일말의 그리움과 일말의 파도, 단 한 장의 그리운 바다가 나에겐 없었다, 그러니까 생은 한 장 그리움의 파도도 없는 사막, 내겐 그런 것이었다

1644년 파리 무용총서

옛날식 목욕탕에 가면 감정도 옛날로 돌아간다, 열탕과 냉탕 사이를 오가며 냉정과 열정 사이를 생각해보기도 하고 감정의 침엽수림과 활엽수림 사이를 떠돌기도 한다, 옛날식 목욕탕은 수만 권의 물방울 장서가 방울방울 맺혀 있는 감정과 철학의 도서관, 온갖 생각의 숲속을 떠돌다 결국 옛적 희미한 기억에 당도하곤 한다

오늘 같은 날은 설악이 바라보이는 척산 온천도 좋겠지만 척산이 아니라도 좋아라, 그저 한적한 시골 마을 옛날식 목욕탕에 들러 감정을 철학하고 사색의 숲속을 떠돌다 어느 기억에 당도할 즈음 몸을 씻고 나와 맑고 푸른 공기를 마시며 맛있게 담배 한 대 피우면 그만이다

담배 연기 끝으로 생이 흘러간다, 아니 생은 방금 내가 내뿜은 담배 연기 속에 있다

7번 국도를 따라 밤의 끝으로

7번 국도를 따라 말을 몰았네
귓가엔 신나는 옛 노래
메들리로 들려왔지만
말이 어둠 속으로 한없이 달려갈 때
눈 속으로 밀려오는 건
망각보다 깊은 잠의 물결
옛 노래를 날려버리고
파도 소리를 옆구리에 낀 채
7번 국도를 따라 말을 몰았네
말이 히이힝 울었던가
파도들도 하얗게 따라 웃었던가
멀리 빛나는 별들을 말 머리에 두고
7번 국도를 따라 말을 몰았네
미친 듯 바람이 불었고
미치듯 머리카락이 날렸지만
우리는 오롯이 망각을 향해 달렸네
미친 듯 말을 몰아 밤의 끝으로
7번 국도를 따라 밤의 끝으로

동북면 여진족 함타이치, ㄹ 성기완, 귀신 강정, 라흐 뒤 프루콩 드 네주 말하자면 눈송이의 예술 박정대

성기완은 음악으로 시를 연주하고 시로 음악을 공연한다

강정은 시로 음악을 연주하고 음악으로 시를 공연한다

둘 다 비슷한 종족이나 자세히 들여다보면 또 다르다

강정은 귀계고, 성기완은 인간계고, 함타이치는 성층권이다, 박정대는 외계다

함성호는 둘 다를 아우르는데 결국은 하나도 취하지 않는다, 동북면 여진족 함타이치답다

태준은 영원한 청춘, 아름다운 수습이다

문태준 시인의 제주 카페 '오름마루'

의귀衣貴

옷이 귀한 의귀에 와서야 알았다, 산굼부리마다 오름마다 제의의 흰옷을 입은 곳, 조랑말들도 고개 숙여 대지의 풀을 뜯는다

사려니숲과 비자림을 걸어서 돌아, 그 먼 나라엔 가본 적도 없건만 서귀포에서 바라보는 캘리포니아의 절경, 참았던 담배 한 대를 피운다면 지금이 딱이다

패퇴한 반란군이 잔설처럼 남아 있는 한라의 산굼부리를 본다, 백록담, 무수한 인민의 저의가 환한 햇살처럼 쏟아질 곳

추운 말을 타고 남쪽으로

독립을 향한 의지는 불가항력적인 것이었으나
마흔네 번째 밤을 지나 또 다른 마을로
궁류 쪽으로 가고 싶었지만 진등재 지나 진주 의령 쪽으로
진주 지수에 당도하니 2월인데도 봄 내음새 가득한데
진주라 천리 길 남강에 당도하니 마음만 휘영청 불꽃
별량을 옆에 두고 보성 벌교 쪽으로
벌교는 생각보다 크지 않은 마을
장흥 천관산을 지나 목포 강진 쪽으로
계라리 지나 진도 해남 쪽으로
강정리 지나 해남 성전 쪽으로
추운 말을 타고 남쪽으로

눈송이 상영관
— 미리 보는 〈미키 17〉

당신이 쓴 시는 몇 번이나 프린팅되었는가?

눈이 내린다, 나는 눈송이 상영관에서 〈미키 17〉을 본다

봉준호 감독의 신작 〈미키 17〉은 인간을 위한 소모품(익스펜더블)으로 태어나 17번이나 새로 프린팅되는 극한 직업 AI 로봇의 참담하고 슬픈 생(?)을 다룬다

SF의 형식을 빌린 것은 상상의 자유와 영화적 흥미를 확보하려는 장치, 그동안 보아왔던 봉준호 식 휴머니즘과 페이소스, 문명 비판이 고스란히 담겨 있다

미키 17이 죽은 줄 알고 새로 프린팅되는 미키 18, 뇌 구조의 일부분이 잘못 프린팅되어 17과는 전혀 다른 18, 그것은 인간 내부에 무수히 잠재된 또 다른 자아일 수 있으며, 한 인간의 수많은 자아 중에 과연 무엇이 한 개체를 대표하는 정체성인가? 하는 질문을 던진다

봉준호 영화의 미세한 부분까지 좋아하는 나로서는 그의

영화를 안 볼 도리가 없다, 2월 28일 개봉 예정이라는데 그때까지는 눈송이 상영관에서 영화보다 아름답게 내리는 저 눈발이나 바라보자, 영화보다 더 기괴한 한국의 현실도 가끔은 바라보면서

지금 누군가 읽고 있을, 당신이 쓴 시는 몇 번이나 프린팅되었는가? 프린팅될 때마다 당신의 시는 누군가에 의해 새로 태어나던가?

지금 이 글을 읽고 있는 당신은 몇 번 프린팅된 것인가? 말도 안 되는 말이겠지만, 변함없이 새로운가?

눈 속을 여행하는 오랑캐의 말

저렇게 쏟아지는 눈발은 눈 속을 여행하는 오랑캐의 말

허공을 떠돌다 이제사 지상에 안착하는 희디흰 침묵의
언어

가난하고 아름다운 사냥꾼의 딸, 어깨에 기대어

이제사 히이잉, 더운 입김을 뿜어내며 우는 서러운 오랑캐
의 말

고독의 점령지

눈이 내려, 눈에 보이는 세상은 온통 하얗다
희디흰 자작나무 살결 위로도 눈이 내려, 바람에 눈부시
게 부서지는 살결들
허공을 바라보는 시선의 욕망은 하얗다

눈이 내려, 허공을 떠돌던 말들은 하나 둘 지상으로 내려
와 하얀 눈에 묻힌다
망각처럼 쌓여 환하게 어두워져가는 고독의 점령지

눈 속으로 또 다른 눈이 내려
고독은 고독보다 더 희다
또다시 눈이 내리면, 누가 저 긴 눈발을 헤치며 고독의 점
령지를 지나가는가?

노래의 자전, 질문의 공전

처음이자 마지막 질문 같은 것, 녹색 광선은 어디에서 오는가?

물론 대답은 알고 있지만 노래는 여전히 '그녀 곁에 슬프게 앉아 있을 때'

오랫동안 비워두었던 뒷방에 왔다, 담배와 술을 챙겨

등불과 책, 반가사유상의 모습을 카메라로 담으며 나는 또 무슨 생각을 하려는가?

강고한 이기심의 연대를 통해 최후의 발악을 하며 몰락을 향하여 힘차게 전진하는 조폭 자본주의와 각국 정부, 그에 부화뇌동하며 눈치만 살피는, 생존의 본능 때문에 더욱 극우화돼가는 자본주의의 개떼들, 그러니 세계는 여전히 슬프다!

슬픈 세계에서 시민이여, 예술가여

그대가 여전히 그녀 곁에 슬프게 앉아 있을 때 그대는 무엇을 해야 하는가?

슬퍼하라, 그러나 목청을 돋우어 외칠 것!

그러니 세계여, 닥쳐!

눈의 자객, 눈의 전언

눈은 침묵의 음악처럼 내린다

바람이 불면 중력을 거슬러 오르다
희디흰 실결처럼 자작나무 어깨 위로
처마 밑 댓돌에 벗어둔 고무털신 위로
떨어진다 쌓인다

따스한 난로 곁을 서성이다 골방에 모인 사람들의 웃음
과 농담 곁을 서성이다 할 말을 잊은 유령처럼 멋쩍게 씨익
웃으며 사라진다

사라진 것들은 고요의 음악처럼 내린다

눈은 고요와 함께 세상의 시끄러움을 덮고
눈은 거대하게 펼쳐진 한 장의 침묵이 된다

'고요'는 몽골의 독초, 알타이 산맥을 넘어
밤새 폭풍우처럼 고요가 왔다
나는 눈을 감고 귀를 막고
고요의 음악, 고요의 춤을 듣는다

검은 새들의 부리가 물고 오는 고요
세상의 불의를 하얗게 덮어나가는 고요
부리에 묻은 고요에 의해 불의는 암살될 것이다, 눈발 속
에 묻힐 것이다

눈의 침묵, 눈의 고요
눈이 적어나가는 새로운 세계사

그대 처음 보는 눈부신 아침은 그렇게 올 것이다

눈이 보내오는 자객, 눈이 보내오는 전언

눈은 저 스스로 죽으며 아침을 데려온다
고요한 아침의 나라는 그렇게 시작된다

사랑과 혁명을 데불고
세상의 모든 아침은 그렇게 올 것이다

일단, 웃고 나서 혁명!

터키 작가 아지즈 네신의 소설이다, 서슬 퍼런 계엄령하에서도 권력의 압제에 굴하지 않고 글로써 자신의 신념을 지켜나간 네신은 터키 국민들의 삶을 어루만지는 정신적 지주와도 같은 작가로 평가받고 있다, 작품으로는 『당나귀는 당나귀답게』, 『개가 남긴 한 마디』, 『이렇게 왔다가 이렇게 갈 수는 없다』 등이 국내에 번역돼 있다

나는 그의 소설 제목에 주목한다, 일단, 웃고 나서 혁명!

모든 혁명에는 '음악과 춤과 웃음'이 필요하다, 혁명과 예술은 함께 가기 때문, 피비린내 나는 혁명에는 분열과 갈등, 증오와 혐오가 수반되기 때문, 그러니 음악과 춤과 웃음을 위하여 새로운 혁명의 시작을 위하여 일단, 웃고 나서 혁명!

권력자가 국민들에게 '계몽령'을 내리고 국회에서 '요원'들을 끌어내라고 했다는 진짜 웃기지도 않는 나라지만 그래도 일단, 웃고 나서 혁명!

온갖 거짓의 너절하고 저열한 말들로 교활함과 잔인함을 감추는 언어도단의 집단과 내란 동조 세력들을 향해 씨익, 썩소를 날리며 일단, 웃고 나서 혁명!

쿵푸에서는 이렇게 말한다

"한 손은 거짓을, 다른 한 손은 진실을 말한다", 즉, 한 손이 페이크 동작을 취하는 동안 다른 한 손의 일격으로 상대를 무력화시키는 것을 말한다

칼 마르크스는 이렇게 말한다

"수단은 결과와 마찬가지로 진실에 속한다, 따라서 진실의 추구란 그 자체가 참되어야 한다, 참된 추구는 각 부분이 결과 안에 서로 유기적으로 연결되도록 전개된 진실이다"

장드파는 이렇게 말한다

"적이 없는 자는 사랑 또한 없다"

쿵푸의 전략 전술이든 칼 마르크스적 진실의 추구든 지금 이 땅에서는 지혜롭고 용맹한 전략 전술, 보편적 정의와 진실의 추구가 그 무엇보다도 절실하다

철지난 장드파의 슬픈 외침이 다시 귀에 들려오는 건, 우리가 횡단하고 있는 이 시대가 '적'의 실체를 분명하게 드러내고 있기 때문이다

빅토르 최는 이렇게 말한다

"손에는 담배를, 탁자에는 찻잔을
그 외 나머지는 모두 우리의 내면에 있다"

오랑캐 이 강은 이렇게 말한다

"사랑이여, 시의 음악이여
바람이 부는 곳에서 바람이 그친 곳에서 시도 때도 없이
우리는 온몸으로 나부끼던 생의 깃발이었나니
이 세계는 시가 적힌 한 장의 종이에 지나지 않는다"

---

* 빼앗긴 설에도 눈은 내리려는가? 우물쭈물하다가 내 이럴 줄 알았지, 지연된 정의는 정
  의가 아니라는 말!

걸어가는 새, 긱스Geeks

앨런 무어와 데이비드 로이드의 『브이 포 벤데타』, 미셸 우엘르베끄의 『복종』, 두 작품은 여러 가지 측면에서 다르지만 한 가지 공통점을 지니고 있다. 극우 세력이 지배하는 미래 사회에 대한 공포와 그 공포에 저항하는 개인의 신념, 내면을 다루고 있다는 것이다

극우 국가의 탄생과 파생은 무한경쟁과 약육강식을 기본으로 하는, 자본권력이 모든 것을 지배하는 자본주의에 그 근본 뿌리를 두고 있다. 조직화된 극우 국가는 네오나치즘, 네오파시즘의 형태로 발현되고 완성된다. 자본이 거대한 권력이 되는 전 지구적 상황을 생각해볼 때 세계 대부분의 국가들이 강대국의 눈치를 보며 우경화되고 극우 국가가 되리라는 건 자명한 일이다. '돈이 되면 뭐든지 하겠다. 그것이 생존에 유리할 테니까!' 이런 생각은, 지구상에 존재하는 인민들의 뇌리 속에 유전자처럼 각인돼버렸다. 지금 지구라는 행성은 몇 개의 조폭단체들이 끌고 가는 위태로운 행성에 불과하다

한국의 상황은 더 복잡하고 어렵다. 자본권력에 빌붙은 몇몇 정신 나간 정치꾼들이 망언과 정치선동을 통해 폭력

을 조장하며 어렵게 일군 민주공화국을 자멸의 늪으로 끌고 가고 있다. 정신 나간 멧돼지 한 마리 때려잡는다고 해결될 문제가 아니다. 사상의 분단국가, 이 나라는 과연 어디로 갈 것인가? 새들은 좌우의 날개로 나는 게 아니다. 때로는 나는 걸 포기하고 걸어야 할 때도 있는 것이다. 우리는 걸어서, 여기까지 왔다

걸어가는 새

걷다가 어느 순간 새는 온몸, 온 마음으로 나는 것이다. 수많은 생각과 감각의 깃털을 펄럭이며 나는 것이다. 이렇게 폭력적이고 야만적인 시대일수록 우리는 긱스가 되자. 예술적이고 창의적인 긱스, 모두에게 이로운 정치를 스스로 구현하는 주체적 긱스, 우리의 현재를 미래 세대에게 제대로 패스할 줄 아는 감각적인 긱스

우아하고 아름답던 지구는 지금 어디에 있는가? 지구를 물고 힘들게 자전하던 새는 지금, 도대체 어디에 있는가?

진눈깨비

눈이 내린다, 습설

아름답고 섬세한 언어들은
지상에 닿기도 전에 허공에서 흩어진다

간혹 지상에 떨어져 딱딱한 분노로 얼어붙는다
검독수리 발톱처럼 날카롭게 자라난다

언어가 사라진 지상에서
인간을 위한 말은 어디로 달려가는가?

습설습설 내려와 침묵침묵 쌓이는 눈
세상은 어둡고 세상 밖도 어둡고

눈이 내린다, 습설

젖은 눈으로 바라보며
젖은 입술로 발음하는
세상을 향한 욕설처럼

눈이 내린다, 습설

얼어붙은 세상, 움직이는 불꽃
— 남만 프랑스

얼어붙은 세상에도 움직이는 불꽃이 있다, 생을 추동하는 의지의 불꽃이다, 보이는 것과 보이지 않는 것, 드러난 것과 감춰진 것 사이에서, 불꽃은 끊임없이 이동하며 이미 존재했던 곳과, 것을 새롭게 밝히고 환하게 만든다

새드앙Sadang을 떠나 남만南蠻 프랑스로 거처를 옮겼다, 남만 프랑스는 당연한 말이겠지만 불란서의 남쪽이다, 불란서는 어디에 있는가? 역시 당연한 말이겠지만 어디에나 있고 어디에도 없다

없던 곳을 새롭게 만들고 있던 곳을 사라지게 만드는 공간의 미학은 가스통 바슐라르 이전부터 이후까지 줄곧 이어져온 마술적 리얼리즘의 일부분이다, 그것은 고체처럼 얼어붙은 세상에서 끊임없이 움직이는 의지의 불꽃이 꺼지지 않는 한 여전히 작동한다

새 술은 새 부대에 담으라고 했나? 엄밀히 말하자면 새 술도 새 부대도 없지만 남만 프랑스에 지상의 임시 거처를 마련하고 처음으로 떠올린 말이 '얼어붙은 세상 움직이는

불꽃'이라는 말이었다, 남만 프랑스의 아침이다, 뒤뜰에 나가
담배를 피운다

　여기는 남쪽인데 여전히 춥다

크리스마스가 오기 전

이 땅의, 최소한의 일상은 회복되었다

인민의 저의가 누락된 곳에 더 이상의 사랑은 없다

예술은 처절하게 예술에 복무함으로써 현실을 살고 예술과 현실을 넘어서는 또 다른 예술과 현실을 창조한다

지난 열이틀, 눈앞에 펼쳐진 물리적 현실은 이 땅의 예술가들에게 여러 가지 실존적 질문을 던졌다

예술의 힘을 믿는 예술가들은 자기만의 온갖 방법으로 부조리한 현실에 맞섰다. 시대의 가장 첨예한 안테나인 예술가들

시민들은 스스로 예술가가 되었고 예술가는 적극적인 시민이 되었다

알베르 카뮈, 르네 샤르, 기 드보르, 빅토르 최, 짐 자무시, 봉준호가 이미 그러했다

"카라바조가 없었다면 렘브란트는 결코 존재하지 못했을 것이다"라는 아주 선동적인 문구를 달고 있는 영화 한 편이 조만간 개봉된단다

그동안 너무 책도 못 읽고 영화도 못 봤다, 글은 아예 쓸 엄두가 나지 않았다

이제는 담배 한 대 길게 피우고 먹을 것 없는 집으로 돌아가야 한다, 밝아오는 어둠 속에 나는 있다

혁명의 열이틀, 또 다른 혁명의 시작점

하루 이틀 사흘 나흘 닷새 엿새
이레 여드레 아흐레 열흘 열하루

계엄의 밤이 계속되는 동안

흑야의 어둠 속에서는
여전히 잠들지 않는
불면의, 불멸의 불꽃들
허공을 날아다니는데

오늘은 혁명의 열이틀째 날
또 다른 혁명의 시작점

누군가는 말을 타고 혁명으로 달려가고
누군가는 담배를 피우며 혁명을 기록하고
누군가는 걸어서
모두에게 이로운 혁명에 당도한다

☆
— 혁명의 열이틀

에르네스토, 내 친구

참을 수 없는 존재의 쓸쓸함이 나로 하여금 이 시를 쓰게 한다

아침이면 영혼을 한 스푼 물에 풀어 커피를 마신다 그것은 어쩌면 애도의 방식, 하루를 잘 시작하려는 나의 결연한 의식

지구의 구석진 다락방에서 담배를 피우면 세상의 계절과 나는 차단되어 있다

차단된 계절의 안쪽에서 창문을 조금 열어 나는 세계의 날씨를 조용히 읽는다

고독의 문장, 그런 게 있다면 지금 이곳으로 와서 쓰여져야 한다

나는 처음부터 완성된 고독 그래서 세계의 심장에서 흘러나와 또 다른 세계의 심장으로 흘러가며 한 줄기 침묵의

서신을 그대에게 쓴다

에르네스토, 내 친구

세상의 그 무엇하고도 쉽사리 결사할 수 없는 나는 그래
서 결사적으로 고독하다

고독이 닦아놓은 길, 고독이 넓혀놓은 지평선을 바라보며
나는 창문을 열어 내일의 풍경을 바라본다

나는 저 먼 하늘에서 수평선까지 곧장 일직선으로 떨어
져 내려오는 빗방울, 나는 하강의 천사

그러나 지금 나의 시는 구름의 바지를 입고 허공을 떠돈다

에르네스토, 그대는 총을 들고 이 세계의 심장부로 곧장
진격했지만 난 더 이상 손에 들 것이 없다

지금 내가 손에 들 수 있는 유일한 무기는 허무, 허무를
움켜쥔 단단한 고독

나는 허무를 움켜쥐고 한 점의 열기가 되어 맹렬히 세계의 내면으로 잠입한다

에르네스토, 내 친구

나는 아침마다 혁명의 영토로부터 온 담배를 피운다

내가 내뿜는 담배 연기가 이 세계를 흔들고 잠든 영혼을 일깨우는 깃발이었으면 좋겠다

탐욕스러운 권력과 거기에 기생하는 아첨꾼들의 뒤통수를 후려갈기며 지금 내 눈앞에 펼쳐진 썩어빠진 자본주의의 풍경을 마구 흔들었으면 좋겠다

아첨꾼들이 조직한 법령 속에서 매일매일 신음 소리조차 내지 못하고 죽어가는 많은 사람들

그들이 속 시원히 내뱉는 한숨이었으면 좋겠다

이곳의 사람들은 자유를 잊은 지 오래다

오로지 생존의 본능을 삶의 유일한 지표로 삼은 지도 오래다

나는 거대한 침묵이 물에 풀어지는 커피 알갱이처럼 풀어져 쓰디쓴 분노로 뒤바뀌는 것을 본다

저들이 언젠가 한꺼번에 끓어올라 뒤집어지며 이 세계를 온통 커피 물로 물들이리라는 것을 안다

내가 아침마다 피워 올리는 담배 연기가 언젠가 누군가의 깃발이 되어 이 세상에 온통 펄럭이리라는 걸 안다

그래서 나는 오늘도 홀로 허공을 향해 힘센 허무의 풀무질을 한다

세계의 고독이 허무를 도와 나뭇잎 광장으로 집결할 것이다

에르네스토, 내 친구

지금 나를 이끄는 유일한 사령관은 커피와 담배, 사소한 한담과 농담에도 이 세계는 사령관의 눈치를 본다

커피와 담배가 있어 아침마다 나는 혁명을 꿈꾼다

내가 인류를 위해 시를 쓰는 지금은 천사의 시간

나는 오늘도 이 시를 쓰기 위해 천사의 외투를 빌려 입는다

나는 스스로 커피나무를 키우고 담배 밭을 가꾼다

내가 마시는 커피와 내가 피우는 담배는 그곳으로부터 오는 것이다

그것이 바로 나의 혁명이다

갈망이 빚어내는 무한의 자유, 자유가 꿈꾸는 신세계는 인간의 이기심과 대척점에 있다

세계를 떠도는 온갖 부랑자들, 지구의 내면으로 귀환하

지 못하는 우주선들, 그리고 삶을 체념한 사람들

그들을 끌어모으는 단 하나의 힘은 거대한 선의의 심장으로부터 나온다

아주 섬세하고 힘센 의지의 꿈틀거림, 세계를 개선하려는 의지는 펄럭이는 한 장의 바람 속에 이미 존재한다

다만 그 바람의 의지를 읽어내는 것, 읽어내려고 하는 마음, 그것이 지금 천사의 외투를 간절히 필요로 할 뿐이다

에르네스토, 내 친구

나는 하루에 단 한 끼만을 먹는다

그것은 양식이 없어서가 아니라 하루에 한 끼만을 먹어도 인간은 여전히 꿈을 꿀 수 있기 때문이다

친구여, 그대의 말처럼 인간은 꿈의 세계에서 내려온다

그러나 꿈의 세계에서 내려온 인간은 아직 또 다른 꿈의
세계에 안착하지 못했다

그래서 나는 지금 그대의 이름을 빌려 또 다른 꿈의 세계
를 말하려고 한다

인간이 내뱉는 말들의 감옥, 인간의 언어가 내장한 참혹
한 감옥으로부터 한 줄기 숨결을 해방시키자

고독의 영토로부터 시작하는 신세계는 광활한 자유의 대
지를 꿈꾼다

공장을 꿈꾸게 하자

시민들의 손에 총이 아닌 꿈을 쥐여주자

사랑의 감정이 감당할 수 없는 밀물이 되어 이 지구를 뒤
덮게 하자

에르네스토, 내 친구

지구의 구석진 다락방에서 나는 담배를 피우며 그대가 지녔던 선의의 심장을 확장하려 한다

공장으로, 회사로, 학교로, 거리로 출근하는 그 모든 심장들에게 태양과 바람을 돌려주자

자연의 심장을 회복하여 그들에게 신선한 공기를 제공하자

가을이면 은행나무 잎들도 노오랗게 소풍을 떠나고 허공의 지친 의무에서 벗어나 지상으로 내려와 휴식을 취한다

인간의 세 치 혀가 내뱉은 악의의 말에서 벗어난 단 한 마리의 싱싱한 말을 인류의 대초원에 풀어놓자

그 말이 최초의 말처럼 인간의 대지를 달리게 하자

비가 내리는 날에는 목마른 나무들처럼 비를 맞고 눈이 내리는 날에는 내리는 눈과 악수하며 멀리서 온 눈발의 소식을 듣자

에르네스토, 내 친구

오늘은 딱딱한 구두를 벗고 운동화로 갈아 신는다

나를 신세계로 인도하는 한 장의 비밀지도처럼 아침 바람은 무한을 향해 펼쳐져 있다

가로수들은 웃으며 계절 속으로 자꾸만 걸어 들어간다

처음부터 이것이 인간의 대지였다

마지막까지도 이것이 인간의 대지로 남아야 한다

이제 고독은 세계와 협력하고 침묵은 그 모든 것을 돕는다

나는 몸을 움직여 인류의 내면에 음악을 들려준다

천사의 외투를 입고 시를 쓰며 꿈틀거리는 인류의 육체에 숨결을 불어 넣는다

에르네스토, 내 친구

우리가 함께 꾸는 꿈, 우리가 함께 나누는 동지애로부터
새로운 영토가 돋아난다

그것이 인류의 본향이다

무한의 바람이 분다

무한의 사랑이 나를 흔들고 있다

─ 시집 『체 게바라 만세』

* 영혼의 동지들이여, 분노하고 저항하라!
  혁명의 열이틀이 지나면 계엄의 밤은 끝나리니
  새들은 아름다운 시를 물고 다시 이곳으로 날아오리

2부 허공을 걷는 해금奚琴

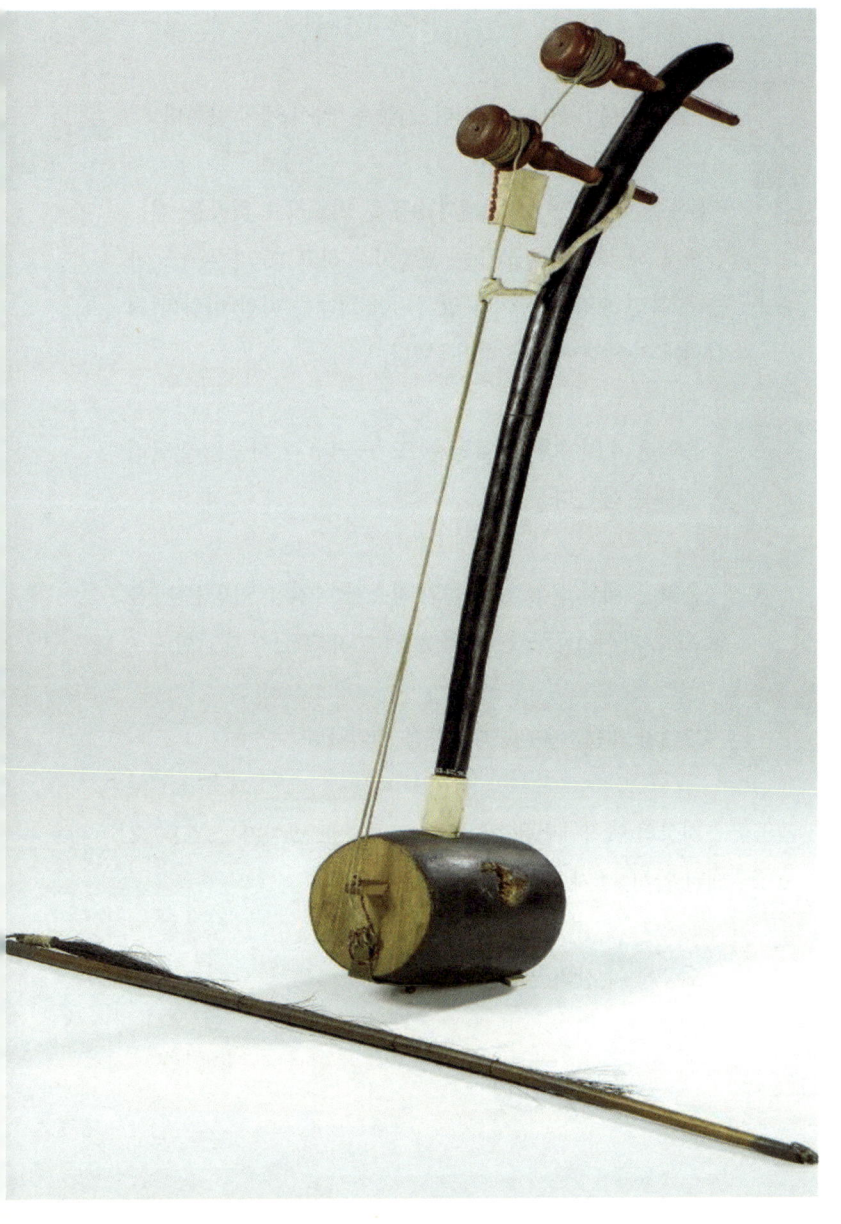

허공을 걷는 해금

8음은 8괘 8풍에 배속된다, 진양은 『악서』에서 말한다

8음을 내는 그대는 8괘와 8풍을 거느리고 허공을 걷는 산책자 해금이라, 누군가는 해족이라 하고 또 다른 누군가는 유목민 오랑캐 풍이라 말하지만 그대는 다만 바람의 책 갈피에 자신의 이름을 적어두었다

음악은 무엇이더냐? 악공은 또 누구더냐? 허공을 말달리며 그대는 묻는다

음악은 세상 온갖 사물들의 사소한 마찰음, 악공은 마음의 활로 자신이 꿈꾸는 사물을 켜는 자, 누군가 대답한다

그대가 내는 8음은 8괘 8풍을 벗어난다

지상의 악학궤범을 찢어버리고 우주로 날아가 스스로 오래된 악서樂書가 된다

오랑캐 이 강의 말이다

말은 허공을 걷는 해금이다

포부가 가장 큰 악기, 해금

나는 이제부터 해금이 돼야겠다, 포부가 가장 큰 악기

깽깽이라 불리면 어떠랴 깽깽깽 온몸으로 나를 연주해야 겠다

명랑한 울음이 악기를 이루었으니 사량思量이 가장 큰 악기

온몸과 온 마음이 파도치는 생의 숲에서

말총머리로 연주하는 깽깽이

나는 이제부터 해금이나 돼야겠다

*

두 줄밖에 없지만 그 표현 영역은 거의 무한대라 해도 과언이 아닌 악기, 어느 때는 애절하면서도 흐느끼는 듯한 소리를 내다가, 또 한편 능청스러우면서 해학적인 소리로 양극단을 오가는 악기, 단 두 줄이지만 그 잠재력은 이를 훌쩍

뛰어넘는 악기가 바로 '해금奚琴'이다. 더욱이 해금은 웬만한 음악에 거의 빠짐없이 편성되어 연주되니 악기계의 감초라 할 수 있다.

해금은 호금胡琴, 호궁胡弓이라고도 불린다. 여기서 '호' 자는 모두 오랑캐 호 자인데 이름에서 풍기듯 그 기원이 다른 나라에 있음을 알 수 있다. 자그마한 몸체를 보면 늘 떠돌아다니는 유목민의 악기였음을 알 수 있고 그런 만큼 기동성이 좋다.

『악학궤범』 권7 〈당부악기도설唐部樂器圖說〉에서는 중국 문헌 『문헌통고』를 인용해 해금을 이렇게 기록하고 있다. "해금은 오랑캐 중 해족이 좋아하는 악기인데, 현도에서 나온 것으로 모양도 같다. 그 제도는 두 줄 사이에 죽편을 넣어서 마찰한다. 민간에서도 간혹 사용한다" 이어서 해금 만드는 법을 설명하고 있다. "해금의 공명통은 화리, 황상, 대죽, 산유자와 같은 단단한 나무를 쓰고, 복판은 두충, 오동나무를 쓴다. 입죽은 해묵고 마디가 많은 오반죽을 쓰고, 주철로 입죽 속을 뚫어 박아 아래 통에 꽂는다. 활대는 출단화목이나 오죽烏竹, 해죽海竹으로 만들고, 말총으로 활시

위를 만들며, 송진을 칠해서 줄을 마찰한다. 왼손으로 줄을 짚고 오른손으로 활을 긋는다"

여기서 중국의 해족이 좋아하는 '현도'라는 악기에서 나온 해금과 우리 해금의 다른 점이 보인다. 중국의 해족이 좋아한다는 해금은 죽편竹片, 즉 대쪽으로 연주했는데 성종 대에는 이미 말총으로 만든 활대로 연주하는 전통이 확립되었음을 알 수 있다. 또 성종 대에는 해금의 재료 가운데 유현과 중현의 두 줄을 매는 가죽으로 된 끈인 채승彩繩이 있어서 『문헌통고』나 진양陳暘의 『악서樂書』에는 없는 재료가 쓰인 사실이 확인된다. 악기 재료도 8음, 즉 금·석·사·죽·포·토·혁·목의 여덟 가지 재료를 모두 갖춘 악기로 자리하게 되었다.

진양의 『악서』에는 "8음은 8괘와 8풍에 배속된다"고 나와 있다. 8괘와 8풍을 하나하나 살펴보면 쇠붙이인 '금'은 주역의 태괘와 서풍인 창합풍이고, 돌인 '석'은 주역의 건괘와 서북풍인 부주풍, 실인 '사'는 이괘와 남풍인 경풍, 대나무인 '죽'은 진괘와 동풍인 명서풍, 박인 '포'는 간괘와 동북풍인 융풍, 흙인 '토'는 곤괘와 서남풍인 양풍에, 가죽인 '혁'은 감

괘와 북풍인 광막풍, 나무인 '목'은 주역의 손괘와 팔풍 중 동남풍인 청명풍에 각각 합치된다

해금이라는 악기는 8음, 주역의 8괘, 8풍을 모두 담고 있는 셈이다. 8풍이라 하면 온 우주의 모든 기운인데 지구상에서 소리낼 수 있는 모든 제작 재료를 그 속에 담고자 했던 것이니 포부가 가장 큰 악기가 아닌가 한다

『악학궤범』의 8음八音, 8괘八卦, 8풍八風

금(金, 쇠붙이)	태괘	서풍(창합풍)
석(石, 돌)	건괘	서북풍(부주풍)
사(絲, 실)	이괘	남풍(경풍)
죽(竹, 대나무)	진괘	동풍(명서풍)
포(匏, 박)	간괘	동북풍(융풍)
토(土, 흙)	곤괘	서남풍(양풍)
혁(革, 가죽)	감괘	북풍(광막풍)
목(木, 나무)	손괘	동남풍(청명풍)

오늘날 해금의 활동상을 보면 그 포부가 이제야 날개를

활짝 펴는 듯하다. 이 악기는 주周 자를 떠올리게 한다. '두루 미친다'는 의미로 '편벽되다'와는 반대의 뜻이다. 그래서인지 합주 음악에서 해금이 편성되지 않는 곡을 찾기 힘들 정도이다. 현악기 중심이든 관악기 중심이든 이 악기는 반드시 배치되는데, 즉 '비사비죽非絲非竹'이라는 어정쩡한 자리매김에서 이제는 새로운 도약을 하게 된 것이다.

해금은 늦춰 잡아도 고려 고종 대인 1200년대 초반에는 우리나라에서 연주되었으니, 그 나이를 따지자면 800세 이상이 되었다. 가야금이나 거문고가 1500, 1600세 정도 된 것에 비하면 젊지만 처음에는 외래 악기였던 것이 이제는 없는 곳이 없을 만큼 넓고 깊게 뿌리를 드리우고 있다.

* 송지원, 『사물로 본 조선』에서 변용

호금류胡琴流
― 이절夷節, 호금류의 계절

허공에서 지상으로 팽팽히 당겨진 현처럼 비는 내린다
이럴 때 누가 비의 현을 연주하며 지나가는가?

이호, 중호, 뇌호, 추호, 푸른 우산을 쓴 네 명의 천사가
지나갔다
소리도 없이 내 곁을 스쳐 지나간 스물여덟 명 천사의 이
름을 부르며 나는 비에 젖는다

계절은 어느새 호금류에 당도했다

*

가스통 바슐라르, 갓산 카나파니, 닉 케이브, 라시드 누그
마노프, 마르셀 뒤샹, 미셸 우엘르베끄, 밥 딜런, 밥 말리, 백
석, 블라디미르 마야콥스키, 빅또르 쪼이, 아녜스 자우이, 악
탄 압디칼리코프, 앤디 워홀, 에밀 쿠스트리차, 장 뤼크 고다
르, 조르주 페렉, 지장 장 커, 짐 자무시, 체 게바라, 칼 마르
크스, 톰 웨이츠, 트리스탕 차라, 파스칼 키냐르, 페르난두 페
소아, 프랑수아즈 아르디, 프랑수아 트뤼포, 피에르 르베르디

스물여덟 명의 천사가 지나간다, 가나다 순으로

이호, 중호, 뇌호, 추호 각각의 음색으로 비는 내린다

소리의 빛, 문을 열면 심장에 와 박히는 빛의 소리, 그것
은 영원의 소리이다

*

호금류는 원래는 몽골의 악기였는데 10세기경 중국에 도
입되었다

금통은 원형 또는 6각형이며 나무·대나무 또는 야자 껍
질로 만든다, 금통의 면은 뱀가죽으로 씌우거나 오동나무
판을 붙인다, 금통 위에는 금대를 연결하며 금대 위쪽 끝에
2개 또는 4개의 줄감개가 달려 있다, 금통 아랫부분부터 줄
감개까지 긴 현이 연결되어 있으며 연주할 때는 왼손으로
현을 누르고 오른손으로 활을 당겨 말총을 현에 마찰시켜
소리를 낸다, 일반적으로 5도 차이로 조율한다, 예컨대 도-

솔, 라-미, 현의 긴장도에 따라 음높이가 정해진다

호금은 중국 희곡 공연에서 널리 사용되며 종류도 매우 다양하다. 경극에 사용되는 호금은 금통과 금대를 모두 대나무로 만들고 뱀가죽을 씌우는데 소리가 맑고 힘차다. 방자희의 주요 연주 악기인 '판호'는 금통 면에 오동나무 판을 붙였으며 소리가 높고 낭랑하다. 또 다른 종류 '호호'는 야자 껍질로 금통을 만든 커다란 판호인데 중후하고 나직한 소리가 난다. 산둥山東 지방극의 반주 악기로 사용되는 '사호'는 4줄의 긴 현이 걸려 있다. 타이완臺灣의 전통극인 가자희에 사용되는 '대광현'은 용설란 나무로 만들었으며 섬 특유의 풍격이 배어나오는 음색을 낸다

그 밖에도 낮은 음색을 내는 '이호', '중호', '뇌호', '추호' 등이 있는데 만든 재료가 다르기 때문에 소리도 각각 특색이 있다. 활로 연주하는 호금과 유사한 현악기들이 동남아시아와 한국 그리고 간혹 일본에서 발견된다. 한국의 해금도 일종의 호금류다

해금(奚琴)

걸어가는 길 끝에 해금이 있다

두 그루의 오동나무가 대문처럼 서 있는 곳
낡은 의자가 오후처럼 놓인 곳

깽깽이처럼 우는 서러움을 지나
풀잎의 현 돋아나는 호금류에 왔다

누군가 말을 타고 쏜살같이
이곳을 지나갔구나

오래도록 걸어서 해금에 왔다

공간이 악기가 되는 마법의 세계에서
귀를 열고 울음 같은 음악을 연주한다

깡깡깡, 마른 바람의 해금 산조

흩어지는 소리들이 남겨 둔 햇살 속으로

누군가 젖은 심장을 말리며
이곳을 통과하고 있구나

모든 별들은 음악 소리를 낸다

윤후명은 이 땅에서 가장 시적인 소설을 쓰던 글쟁이였다, 아니 그의 '시적인 소설'은 시의 연장이고 확장이었다, 케플러의 말을 변용해 제목으로 삼은 「모든 별들은 음악 소리를 낸다」 등, 그의 짧고 긴 소설들은 '글'이 얼마나 독자의 심장을 두드릴 수 있는지 보여준다

몇 년 전 독도로 향하던 배에서 선생과 함께 술을 마신 적이 있다, 선생의 딸 윤하나내린은 나의 대학교 후배였고 그런저런 인연을 선생과 술을 마시며 허심탄회하게 이야기했다, 배 안에서 우리는 거나하게 취했고 서로의 심사를 털어놓았다

선생은 평생 시인이며 소설가였다, 그 외 나머지 윤후명의 삶을 나는 잘 알지 못한다, 다만 그가 남겨놓은 시집과 소설들이 나의 책꽂이에 여전히 아름답게 남아 있을 뿐이다

인간에 대한 환멸감이 더욱 커지는 요즘 선생의 타계 소식을 듣고 안타까운 마음에 맥락 없이 몇 자 적는다

다른 색들, 까마귀

우리 사이에 있는 놀라운 작가의 존재는 유령과 비슷합니다, 그렇기 때문에 그들을 거리에서 보면 마치 유령이라도 본 듯 흥분하고, 눈을 의심하고, 멀리서 그저 호기심에 가득차 쳐다만 봅니다, 아주 소수의 용감한 사람들만이 달려가서 유령에게 사인을 해달라고 합니다
— 오르한 파묵, 「내포 작가」

모든 남자의 죽음은 아버지의 죽음으로부터 시작된다
— 오르한 파묵, 「나의 아버지」

2016년 국내에서 번역된 오르한 파묵의 『다른 색들』 표지에는 까마귀가 한 마리 등장한다, 눈 내리는 이스탄불 거리를 배경으로 하고 있는 까마귀는 이 책을 물고 어디론가 날아오르려는 것 같다

파묵의 말을 빌리자면 '이미 죽음을 시작한, 우리 사이에 있는 놀라운 작가의 존재'는 오늘 하루 종일 빗방울로 떨어졌다

떨어지는 빗방울, 떨어지는 눈발 속에서 우리는 이미 내포 작가인 유령의 존재를 감지한다

까마귀가 물고 날아오르려는 책은 이미 사상의 경계 저 너머에 있다, 세상은 세상 자체를 내포하고 있으니 저렇게 표지에 문득, 필연적으로, 등장한 까마귀는 『다른 색들』의 공동 저자인 셈이다

다른
색들

오르한 파묵의
시간과 공간,
문학과 사람들

오르한 파묵 | 이난아 옮김

비 내리는 태양의 서커스

영화의 시작부터 영화가 끝날 때까지 끊임없이 비가 내리는 영화가 있다, 옛 영화

낮에 내리던 비의 이름은 잊었다, 낮에 했던 말들도 모다 잊었다

눈에 보이지 않는 것이 나를 어디론가 데려가는 새벽

음악을 끄고 누워 옛 영화의 제목을 생각하다가, 나는 기억나지 않는 옛 영화의 제목을 아무렇게나 붙여본다

비 내리는 태양의 서커스라고

막달라 마리아와 함께 보낸 사랑과 혁명의 시간

햇빛 속에 추위가 있다
추위 속을 떠도는 차가운 소립자들, 소립자들을 가로지
르는 낱낱의 심장들, 버려진 행성들

불씨를 생각하는 오후가 있다
싸늘하게 식은 심장의 오후에도 화목난로처럼 뜨겁게 밝
아오는
오후의 생각이 있다

추운 곳으로 가서 생각을 해야 한다
좀 더 추운 곳으로 가서 좀 더 많은 생각을 해야 한다

미적지근하게 진화한 인류 같은 건 버려야 한다

저 무수한 허공을 관통하며 실상사 앞마당에 내려와 꽂
히는 햇살들의 단호한 질문
인류여, 고된 삶의 변방에선 누가 우는가?

까마귀들이 물고 올 거대한 어둠의 밤이 오기 전에
감나무 가지 끝에 까치밥처럼 환하게 빛날 심장의 등불

하나쯤은 켜두자

추위가 몰려와 더 추운 곳을 생각하는 오후가 있다

혁명을 생각하다, 들판에 홀로 버려진
아주 작은 사랑에 대하여 오래도록 생각하는 오후가 있다

*

눈이 내린다, 허공으로부터 누운 채 내리는 눈, 앙상한 눈
의 갈비뼈 사이를 헤치며 갈 수 없는 곳으로 가는 사람이
있다
　사람들이 갈 수 있는 데까지만 눈이 내렸다, 사람들은 갈
수 있는 곳까지만 갔다
　그러나 갈 수 없는 곳으로 가는 사람이 있다, 자꾸만 더
추운 곳으로 가는 사람이 있다
　더 추운 곳으로, 사람들이 갈 수 없는 곳으로 가서 얼어
붙은 강물의 심장 위에 모닥불을 지피는 사람이 있다
　가끔씩 허공을 떠돌던 눈발이 지상으로 내려와 고독고독

흰 눈을 밟으며 그곳까지 따라와주었다

*

눈을 떠서 빛을 보라
모든 게 시작되었다
이젠 멈추지 마라
누구도 멈추지 못하게 하라
― 영화 〈막달라 마리아〉에서

호아킨 피닉스와 루니 마라가 나오는 영화 〈막달라 마리아〉를 보다가 머리도 좀 식힐까 해서 양-조위 군과 산책을 나간다, 평상시 산책길과는 정반대 방향인 읍내 쪽으로 천천히 산책을 시작했다, 이절 잠수교와 이절안길을 지나 송오다래길을 따라 걷는다, 지나는 마을마다 동네 개들이 짖어댄다, 처음에는 가볍게 동네 한 바퀴를 돌려고 나왔는데 이상하게 발길이 자꾸만 정선 읍내 방향으로 걷고 있다, 상수원 보호구역과 덕송리를 지나 한참을 걸으니 멀리 도시의 불빛이 깜빡인다 정선 읍내, 이것도 도시라고 내가 사는 이절에 비하면 불빛들이 휘황찬란하고 차들이 엄청나게 많다, 순식간에 혼이 빠져버린다, 조위도 사람들과 차들을 볼 때마다 반쯤 넋이 나가 짖어댄다, "조위야, 이게 도시란다, 정말 정신이 하나도 없구나! 도대체 뭐가 좋다고 이렇게들 모여 사는지!", 강아지와 함께 걸어간 길, 이절에서 정선읍까지는 약 한 시간 가량 걸렸다

정선읍에 도착해 동생 얼굴을 보고, 조위에게 물을 먹이고 다시 이절로 가려 하니 동생이 나에게 묻는다

"형, 이절까지 걸어가게?"
"응"
"밤길이라 위험해!"

결국 조위와 나는 동생의 차를 타고 이절로 돌아왔다, '다음에는 꼭 걸어서 와야지', 동생과 함께 읍내에서 사 온 피자를 먹고 동생은 읍내로 다시 떠났다, 오랜만에 피자를 먹고 콜라를 마시니 꿀맛 같다, 문명인이 된 느낌이다, 아니 난 문명인 같은 건 되고 싶지 않다, 문명이란 이렇게 가끔씩

즐겨야만 깊은 맛을 음미할 수 있을 거란 생각이 든다

　커피를 마시고 담배를 피우고 다시 영화를 본다, 예수는 막달라 마리아가 자신의 발을 씻기던 물에 손을 담가 물방울을 묻혀 마리아의 눈을 닦아주며 이렇게 말한다

　눈을 떠서 빛을 보라
　모든 게 시작되었다
　이젠 멈추지 마라
　누구도 멈추지 못하게 하라

　문득 그대가 막달라 마리아 같다는 생각이 들었다, 나도 누군가에게 이 말을 꼭 해주고 싶었다

　이젠 멈추지 마라, 누구도 멈추지 못하게 하라, 사랑과 혁명의 시간이 왔다

　"천국은 마치 한 여인이 밭에 갖다 심은 겨자씨 한 알과도 같으니 점차 자라 나무가 되매 공중의 새들이 와서 그 가지에 깃드느니라"
　— 성서외전 막달라 마리아 복음서 1장 1절

*

　세상 어느 곳이든 그대가 누구든 일단 깊은 밤 속에 자기만의 동굴을 팔 것, 아무도 침범할 수 없는 그대만의 은신처를 마련할 것, 세상을 꺼버리고 자신의 내면에서 들려오는 음악에 귀 기울일 것, 투쟁 영역의 확장에 앞서 무엇과 싸울 것인지 오래도록 생각할 것, 일단 커피 물을 끓이고 커피 한잔을 마실 것, 커피를 마시고 담배를 피우는 것은 세상에서 가장 아름다운 일, 담배 연기는 그대가 확장할 투쟁 영역의 지도와 영토를 보여주리니 아, 커피와 담배

　저 멀리서 짐 자무시 동지가 오랑캐의 말을 타고 달려온다

　그대가 누구든 거기가 어디든 담배 연기의 깃발 펄럭이며 깊어가는 별빛 총총한 투쟁 영역 확장의 밤은 있나니, 그럼 이만 총총

SF적인 밤

시골에 내려오면서 내가 가장 하고 싶었던 것은 SF 소설을 쓰는 것이었다, 사방이 산으로 둘러싸인 이곳이 마치 거대하고 단단한 요새처럼 느껴졌기 때문이다, 마을을 휘감고 흐르는 강물은 마치 성곽 둘레에 파놓은 해자 같았다, 나에겐 쳐들어올 세상도 없는데 나는 이토록 견고하게 나를 방어했다, 이런 완벽하고 은밀한 장소에 오두막 거점을 마련했으니 그 속에 틀어박혀 무한한 상상의 나래를 펴리라, 그러나 아직 SF 소설은 단 한 줄도 쓰지 않았다, 언젠가 기괴하고 시적이고 아름다운 장편 소설을 쓰리라, 소설가들이 몇 년 정도 걸리는 일을 시인들은 몇 달 만에 할 수 있다, 그러나 시인들은 몇 달 만에 장편 소설을 쓰지는 않는다, 아니 쓰지 못한다, 게으르기 때문이다

두 번째로 하고 싶었던 일은 크고 작은 도화지와 캔버스를 펼쳐놓고 그동안 그리고 싶었던 그림을 마음껏 그리는 것이었다, 그러나 이것도 아직 시도조차 안 했다, 시골에 내려와 일단 해결해야 할 여러 가지 일들에 나 자신이 너무 소모됐다, 나의 내면에서 열정의 불꽃이 다시 살아난다면 언젠가는 그림을 그리겠지

그리고 소설은 이렇게 시작될 것이다

"등불 속에 파리paris는 잠겨 있다, 장드파는 갱스부르 송과의 약속을 떠올리고 녹색 의자에서 일어났다, 퓌르스탕베르 광장까지 밀려온 눈발 중 몇 송이가 그의 어깨 위로 당도하는 밤이다"

소설은 이렇게 끝날 것이다

"파리의 등불들이 하나둘 꺼지며 아침이 밝았다, 갱스부르 송은 밤새 작은 카페에서 노래를 불렀다, 외계 점령군에 의해 많은 가수들이 사라진 시대에 살아남은 몇몇 사람들이 밤이면 몰래 그곳으로 스며들어 노래를 부르고 술을 마시며 지구의 독립에 대한 자신들의 생각을 말했다, 일종의 저항군들이었다, 몇몇은 그곳을 '생의 주점'이라 불렀고 몇몇은 그곳을 '코케인'이라 불렀다, 지구 위에 남은 최후의 거점이었다"

에밀 쿠스트리차 동지

'카메라 루시다'는 '밝은 방'이라는 뜻이다, 롤랑 바르트 이야길 하려는 게 아니다, 누구에게나 카메라 루시다는 있다, 자기만의 밝은 방

또한 누구에게나 카메라 옵스큐라('어두운 방'이라는 뜻)도 있을 것이다, 나에게는 밝은 방과 어두운 방이 있다, 밝은 방은 가끔 나를 찾아오는 벗들에게 내어주고 나는 어두운 방에 거주한다, 어둡다고 해봐야 적정 수준의 어둠이다

내가 좋아하는 스탠드 불빛 조도 아래 놓인 어둠, 그 속에서 나는 글을 쓰고 꿈을 꾼다

*

밝은 방의 책상 위에는 에밀 쿠스트리차의 〈약속해줘!〉 포스터가 놓여 있다, 난 이 영화의 제목에서 영감을 받아 「약속해줘, 구름아」라는 시를 썼다

약속해줘, 구름아

아침에 일어나 커피를 마신다, 담배를 피운다, 삶이라는 직업

커피나무가 자라고 담배 연기가 퍼지고 수염이 자란다, 흘러가는 구름 나는 그대의 숨결을 채집해 공책 갈피에 넣어둔다, 삶이라는 직업

이렇게 피가 순해진 날이면 바르셀로나로 가고 싶어, 바르셀로나의 공기 속에는 소량의 헤로인이 포함되어 있다는데, 그걸 마시면 나는 7분 6초의 다른 삶을 살 수 있을까, 삶이라는 직업

약속해줘 부주키 연주자여, 내가 지중해의 푸른 물결로 출렁일 때까지, 약속해줘 레베티카 가수여, 내가 커피를 마시고 담배 한 대를 맛있게 피우고 한 장 구름으로 저 허공에 가볍게 흐를 때까지는 내 삶에 개입하지 않겠다고

내가 어떡하든 삶이라는 작업을 마무리할 때까지 내 삶의 유리창을 떼어가지 않겠다고

약속해줘 구름아, 그대 심장에서 흘러나온 구름들아, 밤새도록 태풍에 펄럭이는 하늘의 커튼아

— 시집 『삶이라는 직업』

어쩔 수 없이, 어쩔 수 없는

양―조위 군이 물을 마시는 강은 아마 세상에서 가장 맑고 큰 물그릇일 게다. 강의 이름은 원래 고려시대에는 대음강大陰江이라 불렸다. 조선시대로 오면서 강 이름에 음기가 강하다 하여 조양강朝陽江으로 바꿨다. 최근에 들어 정선 이절 근처에 한 시인이 이사를 오면서 다시 한 번 이름을 바꾸었다. 이절 근처에 있는 강이니 당연히 '이강夷江'이라 명하였다

시경에 이르길, "시란 무엇이냐? 그것은 정명正名이다"라고 하였다. 사물의 원래 이름을 찾아주는 것, 사물에 올바른 이름을 붙여주는 것, 그것이 바로 시인이 해야 할 일이다

양―조위 군이랑 아침 산책을 다녀오니 따스한 커피를 마시고 싶은데, 커피 물 끓이기도 귀찮고 해서 식은 커피가 담긴 잔을 히터 위에 올려놨더니 그것도 히터라고 커피가 데워지긴 한다

영화 〈World on fire〉에서 "어쩔 수 없이 나치에 협력하기로 했다"라고 말하는 나치 부역자의 대사가 나온다. 물론 그는 어린 딸을 보호하기 위해 어쩔 수 없이 나치에 협력한다. 그러나 '어쩔 수 없이'라는 말은 인간 의지의 한계를 분

명히 드러내는 말이다, 만약 인간에게 의지라는 게 있다면 그것은 '어쩔 수 없이'라는 말 저 너머에 있어야 한다, '어쩔 수 없이'라는 말은 정말 어쩔 수 없을 때만 써야 한다

"아무리 그래도 널 사랑해, 어쩔 수가 없어"

따스한 커피를 마시는 어쩔 수 없는 아침이다

이강조서夷江調書

리벨리언Rebellion은 '저항'이라는 뜻, 뜻은 알겠는데 과연
무엇에 저항할 것인가? 그래도 무엇엔가 저항한다는 것은
아직도 사랑이 남아 있다는 것

삶에 대한 저항으로 사랑을 하고 사랑의 반군처럼 밤이
면 차가운 바람이 불었다

양복점은 저항군의 아지트, 그곳에 들어가는 방법은 양
복점 유리창 출입문 밖에서 자신이 입고 있는 양복 안감에
붙어 있는 라벨을 암호처럼 보여주는 것

추운 겨울밤이면 리벨리언의 바람이 불었다

양복점에 들어갈 일이 없었으므로 나는 문을 닫고 밤새
도록 오블리비언Oblivion의 술을 마셨다, 오블리비언은 '망
각'이라는 뜻, 뜻은 알겠는데 과연 무엇을 망각할 것인가?

그해 겨울 나에게는 아예 양복이 없었으므로 리벨리언의
양복점으로 갈 일은 없었다
저항해야 할 세상이 없었으므로 망각해야 할 사랑도 없

었다

그러니 타오르는 마음의 혁명 호텔 같은 건 애시당초 나에겐 없었던 것이다

*

눈으로 뒤덮인 노르웨이 피오르 옆 오두막에서도 누군가는 꿈을 꾸고 독립운동을 하는구나

비상식량으로 몇 알의 감자와 술 이런 게 필요하겠지

독립운동이란 게 뭐 별거 있겠나, 마음의 독립

마음이 독립하려면 커피와 담배 그리고 감자 몇 알과 독한 술 몇 병 이런 게 필요하겠지

최소한의 생존 물품이 필요하겠지

인간이 생존하는 데 필요한 최소한의 보급물자는 뭘까?

끝없이 눈 내리는 무한의 밤, 몇 조각의 빵, 잃어버릴 수 없는 잊어버릴 수 없는 꿈 하나, 고립과 은둔을 횡단하는 마음의 독립

*

　　일어나자마자 마시는 커피, 커피를 마시며 피우는 담배는 내가 세상에서 가장 좋아하는 일 중에 하나이다, 하루를 시작하기 전에 하는 의식과도 같은 이 일을 나는 너무나 좋아한다, 커피와 담배

　　이 둘은 내 무의식 속에 각인된 '어떤 평화', '어떤 자유', '어떤 고독', '어떤 반항'과 깊게 관련돼 있을 것이다

　　예전에 신동옥 시인이 사석에서 나한테 물은 적이 있다, "형은 왜 남들 다 하는, 그런 동인 활동을 하지 않으세요?"

　　그래서, 이렇게 대답했다

　　"담배 하나하고도 동인하기가 힘든데, 다른 사람들하고 뭔 동인 활동을 하겠나? 물론 이미 속해 있는 동인도 있고! 무가당 담배 클럽과 인터내셔널 포에트리 급진 오랑캐 밴드"

　　올해 초 편집장 무사Musa 강돌이 만든 〈에스프리 율란통신〉 창간호, 『세상에서 가장 아름답고 무용한 혁명』을 오랜만에 책장에서 꺼내 읽어본다, 나는 이 책에 실린 사람들을 궁극의 오랑캐라 생각한다, 조만간 〈에스프리 율란통신 2호〉를 만들어야겠다

*

내면으로 가는 마지막 길은 어젯밤 폭설에 막혔다

내면으로 갈 수도 없고 외면으로도 갈 수 없을 때 어떤 저항의 멜랑콜리처럼 피어나는 불꽃, 구르는 바퀴와 돌이 부딪치며 피어나는 불꽃의 한 생애

불이 처음으로 꽃이 된 건 언제였던가?
불은 한 송이 꽃, 꽃은 한 마리 꿈틀거리는 불이었나니

불꽃이여, 사르라! 자본이 인간을 착취하는 이 세상을 불 사르고 나와 함께 양지바른 곳에서 담배나 말아 피우며 이 겨울을 통과하자

무용의 커튼 창

꽤 오래전에 지아 장 커의 〈무용useless〉을 보았다. 그러나 생각해보건대 내가 여태까지 본 지아 장 커 영화 중 최고의 영화는 〈천주정〉이다. 〈무용〉에는 옷 만드는 공장이 나오고 몇몇 장면들이 뇌리를 스쳐가지만 이 영화를 보고 나서 나의 머릿속에 남은 하나의 장면은 바로 커튼 창 장면이었다

'큰 커튼 속에 커튼의 일부를 잘라 또 하나의 커튼, 또 하나의 창을 만들 수 있겠구나' 하는 생각은 나에겐 유용한 정보였고 아름다운 발상으로 여겨졌다. 그것을 작업실 '이 절에서의 눈송이 낚시' 커튼에도 적용해보고 싶은데 아직은 못 하고 있다. 게으름과 결단력 부족 탓이다

사실은 요즘 같은 겨울에 가장 필요한 커튼 창이건만, 언젠가는 나의 커다란 녹색 커튼에도 세상을 바라볼 수 있는 작은 커튼 창이 만들어지길 기원해보는 겨울 아침이다

useless
무용

07 베니스영화제
오리종티 작품상

5월 22일, 옷에 깃든 삶의 흔적을 만난다!

A FILM BY Jia Zhang-Ke in collaboration with MA KE

존재와 무

하루가 어떻게 갔는지 모른다, 아침에 잠들어 오후 늦게 일어났으니, 내가 잠든 사이에 너는 인사도 없이 그렇게 홀쩍 떠나버렸구나, 네가 떠난 빈자리를 생각하다 세상의 모든 빈자리를 생각해보는 저녁이다

텅 빈 세상의 옆구리에 혼자처럼 기대어 앉아 너에게 하지 못했던 말을 이렇게 혼자 중얼거린다

밤새 불을 밝히고 술을 마셔도 이제 너는 돌아오지 않으리니, 네가 있는 세상과 네가 없는 세상의 틈 사이로 차가운 바람이 부는 저녁이다

잘 가라, 돌아오지 마라

*

이 행성은, 어떤 이의 존재 이전과 이후로 미세하게 달라진다, 예술가들이 더 강해져야 하는 이유다

술 한 잔 마시고 강정 시인이 부르는 〈아득히 먼 곳〉을 듣는다, 노래에 자꾸만 가슴이 먹먹해지는 밤

*

아침에 눈을 뜨니 날이 흐리다, 흐린 날씨는 사람을 더욱 우울하게 만든다, 그러나 우울과 멜랑콜리의 감정이 예술가들에게는 창작의 어떤 페이소스를 제공하기도 한다

그러니까 예술가를 둘러싼 주변, 자연환경은 그것을 받아들이는 예술가 자신의 감정과 의지에 의해 상황이 극대화되기도 하고 완전히 무시되기도 한다

최근에 일어난 배우 이선균의 죽음은 내 개인적으로는 상당히 충격적인 일이었다, 내 주변에 늘 존재할 것 같았던 한 개체가 갑자기 사라진다는 것은 그걸 받아들이는 그 누구에게도 상당한 트라우마를 안겨줄 것이다

이틀 정도, 강정 시인이 부른 〈아득히 먼 곳〉을 들으며 생각과 마음을 정리했다, 술을 한 잔 마시고 노래를 들으며 눈물도 좀 흘렸던가? 그건 고인에 대한 각별한 애도의 감정도 있었겠지만 내가 처해 있는 상황과 감정을 파고드는 강정 시인의 음색과 노랫말 때문이었을 것이다

그리고 우리가 살고 있는 이 땅의 천박한 대중들과 그들과 야합하는 그 모든 것들에 화가 치밀었기 때문에 아마 술을 마셨을 것이다

강정 시인의 노래를 들으며 했던 생각이 예술의 역할이었다, 난 예술 행위의 궁극적 목적 따위가 뭔지는 잘 모른다, 그러나 어느 예술가의 예술 행위가 타인에게 위로와 치유의 처방약으로 작용한다면 그것만으로도 예술의 존재 이유는 충분하다고 생각한다

날이 흐리니 덩달아 마음도 조금 우울해진다, 그러나 따뜻한 이불 속에 엎드려 이 글을 쓰노라니 마음이 한결 차분하게 가라앉는다, 인간이 추구하는 가치와 행복의 조건은 무엇인가?

나는 아직도, 여전히 잘 몰라 탐구 중이지만 이것 하나만은 자신 있게 말할 수 있을 것 같다

"혁명적 인간이 시를 쓰고 공연을 한다"

*

산골 마을에 등불이 켜지고 저녁은 가까스로 누군가의 집 앞에 당도했다, 아득히 먼 곳으로부터 달려온 너는 히이힝, 울음을 울었다, 차마 슬픈 소식 하나를 끝내 전하지 못

하겠다는 듯 이내 고개를 떨구었다, 저 멀리 허공에도 호롱불 같은 별들 하나 둘 켜지고 불 켜진 공허 사이로 누군가 어떤 말이 하고 싶어 밤새 눈은 내렸다, 누군가 밤새 눈의 말을 듣는 사람이 있었다

*

존재는 무에 가깝다, 그러나 겨우 가까스로 존재하는 것들에게 무한과 영원의 상징을 부여하는 게 있다, 바로 시이다, 그러니까 시인은 거의 무에 가까운 인류를, 지구를, 우주를 상징적 차원에서 무한으로, 영원으로 확장하는 존재이다

이 광대한 우주에서 한 존재의 완전한 소멸은 불가능하다, 형태와 차원을 달리할 뿐 한 존재를 이루었던 무수한 소립자들은 또 다른 형태로 변형되어 여전히 이 우주 속에 남아 있다, 불교에서 말하는 윤회와 장자가 말하는 만물제동 萬物齊同(나는 너다)을 말하려는 게 아니다, 존재 자체는 이토록 무섭고도 아름다운 하나의 실존이며 현상이다
무에 가까운 존재가 허무를 극복하는 방법은 무엇일까,

그것은 자신을 포함한 모든 사물에 대한 이타적 배려와 사랑일 것이다. 물론 부족들 간의 충돌이 유난히 심했던 중동의 여러 사회적, 역사적 배경을 배후에 두고 있겠지만, 기독교와 이슬람교의 사상적 출발점도 바로 배려와 사랑이다

그러나 그들이 말하는 천국과 지옥은 현재 하나의 이데아로서만 존재한다. 누구보다도 사랑을 실천해야 할 기독교나 이슬람교도들이 가끔 극악스럽고 폭력적인 모습을 보이는 것은 편협과 맹신이 불러온 부작용이다

배려와 사랑을 실천하지 않는 편협한 종교인들의 관점에서 볼 때, 자신들이 믿는 신을 믿지 않는 자들은 모두 지옥 불에나 떨어질 한심한 존재들인 것이다. 그러니까 무력을 써서라도 개종시키겠다는 것이다. 가장 이타적인 교리를 가장 이기적으로 해석하고 따르니 어처구니가 없다. 물론 그렇지 않은 종교인들이 더 많은 것을 안다

존재는 무에 가깝거나 무다. 그러나 아무것도 아니었던 것들이 이합집산하여 하나의 아름다운 존재를 이루었으니 존재 자체는 이미 무를 뛰어넘는 곳에 있다

그 누구도 상상하지 못했던 곳에 존재는 이미 아름답게 당도해 있다, 존재가 당도한 아름다움을 가볍게 여기지 말자, 그 아름다움이 지금, 여기까지 당도하는 데까지는 138억 만 년의 세월이 걸렸다, 자신의 발바닥을 들여다보라, 수억 만 년의 지문이 새겨져 있을 것이다

존재는 무에 가깝다 그래서 아름답다

* 존재와 무 얘기를 하다보니 겨울밤 깎아 먹던 시원한 무 생각이 난다, 겨울밤 갈증이 날 때면 할머니가 무 구덩이에서 꺼내와 깎아주던 무, 그 무가 먹고 싶다

불가능한 귀향

아! 이 모든 차단

방탕
방탕

— 앙리 미쇼, 「나타남 — 사라짐」

나의 무심함이 때론 나 스스로도 당혹스럽다, 한 가지 일에 집중하면 도무지 다른 것에 신경을 쓰지 못하는 편이라, 내가 신경 쓰지 못하는 동안 내 주변에서 영영 사라지는 것들이 많다, 예전에는, 그것들이 사라질 운명이었던 게지! 나와 인연이 없었던 게야! 라며 스스로 별일 아닌 듯 넘기곤 했지만, 돌이켜 생각해보니 나의 무심함이 이 세상에서 사라지게 한 것들이 많다, 이제사 미안하단 말을 해 무엇하랴만 그래도 미안하다

오늘 아침 날씨가 좀 풀려 앞마당에 나가보니, 지난해 정성스럽게 키우던 화분들이 이미 온갖 참사를 겪은 채 폐허의 모습을 보여준다, 나는 흙으로 빚은 토분을 좋아하는 터라 모든 작은 나무들은 토분에 옮겨 심은 다음 키우는데,

그간의 추위와 일교차가 얼마나 심했는지 밖에 두었던 토분들이 얼었다 녹았다를 반복하며 이미 자체적으로 깨어져 무너지기 일보 직전의 모습을 보여준다

그제서야 나의 무심함에 방치된 나무들의 생사여부가 궁금하고 안타까워 부랴부랴 몇몇 화분들을 분갈이하고 그것들을 실내로 옮겼다. 그리스나 스페인 남부 같은 곳에서나 겨울에도 야외에서 잘 자라는 올리브 나무를 추운 강원도의 겨울, 야외에 방치하다니 나는 시를 쓸 자격도 없는 참으로 한심한 영혼이 아닌가?

지난 몇 달 유난히 집중하고 신경 쓸 일이 많았다. 그래도 이건 참 너무하다 싶다. 나의 무심함이여, 이제 무심함은 오롯이 자기 자신을 향하라, 올리브 나무여 미안하다. '얼지 마, 죽지 마, 부활할 거야'

아침나절에는 흐리더니 오후가 되면서 그래도 이곳에 햇빛이 비친다. 괴테가 말했던가

"빛이 사물을 만든다"

인터내셔널 포에트리 급진 오랑캐 밴드의 출현

2011년 문예중앙에서 시집 『모든 가능성을 거리』를 낼 때, 기타에 날개를 그려달라고 표지 디자이너에게 부탁했다. 당시 문예중앙의 오필민 디자이너는 '진짜 웃긴 시인이군!'이라 생각했을 것이다

그래서 시집 표지를 열면 더 웃을 수 있도록 시집 맨 앞쪽에 이런 말을 집어넣었다

"음악은 천사들이 연주하고
천사들은 내가 만들지"

*

2016년 8월 일본의 시 전문지 《시인회의》에 '인터내셔널 포에트리 급진 야만인 밴드'로 박정대, 강정, 리산, 신동옥 시인이 소개돼 있다. 아마 권택명 시인의 번역으로 『체 게바라 만세』가 일본 '토요미술사'라는 출판사에서 출간된 이후였을 것이다

일본의 시 전문지 《시인회의》에서 내 개인 사진과 밴드 활동 사진을 보내달라는 요청을 해왔다, 그 당시 나를 제외한 나머지 세 명은, 우리가 함께하는 모든 일들이 밴드 활동인지도 몰랐을 것이다

나는 처음부터 아주 광범위한 밴드 활동을 생각하고 있었다, 단순히 음악만 하는 밴드가 아니라 '문자 공연'을 포함한, 그 모든 말과 행위가 공연이 되는 그런 밴드 활동을 생각했던 것이다

스톡홀름 국제 시 축제에 갔을 때, 사회자는 나를 소개하면서 '인터내셔널 포에트리 래디컬 바바리언 밴드'라 소개했다, 나는 무대 위에 올라 '바바리언Barbarian'이 아니라 '오랑캐Orangke'라고 정정했다

'인터내셔널 포에트리 급진 오랑캐'라는 말은, 시집 『삶이라는 직업』 해설에서 강정 시인이 쓴 것을 밴드 이름으로 따온 것이다, 인터내셔널 포에트리 급진 오랑캐 밴드는 아직까지 공연 전 단 한 번의 연습도 협주도 하지 않았지만 여전히 건재하고 아름다운 공연을 한다

사진은 그 무렵 친구가 운영하던 홍대 카페 '무가당 실연 클럽'에서 찍은 것이다

朴正大

インターナショナル・ポエトリー急進野蛮人バンドの公演写真
左側から、詩人カン・ジョン、朴正大、詩人リ・サン

インターナショナル・ポエトリー急進野蛮人バンドの公演写真
左側から、詩人カン・ジョン、朴正大、詩人シン・ドンオク

『하늘빛 사람들』에 나오는 한 장의 사진

르 클레지오와 부인 제미아의 사막 기행을 기록한 『하늘빛 사람들』에 나오는 한 장의 사진을 난 무척이나 좋아한다

서점에서 처음으로 이 책을 발견하고 넘겨보다가 한 장의 사진 때문에 무조건 이 책을 사 들고 나온 기억이 있다

어둠과 밝음이 공존하는, 모로코 어느 산골짜기 풍경의 그 무엇이 나를 설레게 했던 것일까?

사진을 보는 순간, 적막과 고독 한가운데서 은밀하게 피어오르던 생의 그 어떤 그리움의 낌새를 나는 눈치챘던 것이다

"가장 먼저 눈에 들어온 지명으로 지금 당장 비행기를 타고 출발하라"는 문장을 그대가 실행할 수 없는 이유로 가장 적절한 것은?

1. 아무런 준비를 못 했다

2. 비행기 삯이 없어 표를 예매하지 못했다

3. 몸이 불편하다

4. 월요일 아침이라 출근해야 한다

5. 처음부터 여행에는 관심이 없었다

6. 여행이 밥 먹여주냐?

7. 내가 가고 싶은 곳은 여기에 없다

8. 여행보다는 독서와 영화, 음악이 더 좋다

9. 여행은 여자들이 하는 것이고 나는 남자라 남행하겠다

10. 아침부터 미친놈의 질문에는 대답하지 않겠다, 에잇, 퉤!

11. 체, 체, 체, 거봐라, 아침부터 썰렁한 바람이 분다

12. 추운 날, 왜 이런 나라에 가야 하나? 따뜻한 남반구를 보여달라!

13. 지금은 잠들 시간이라 곤란!

14. 왜 비행기로만 가는가, 나는 유람선을 타고 가겠다

15. 이미 다 갔다 왔다

16. 으, 춥다

17. 술 드셨나?

18. 담배 좀 줄이쇼

19. 이렇게 문제 내면 정말 문제됩니다!

20. 갑자기 몽골몽골 떠오르는 몽골 생각, 몽골 가고 싶어, 영하 40도의 몽골에 가서 난롯불 쬐다 밖으로 천천히 걸어 나가 얼어 죽고 싶어, 그럴 수 있다면!

21. 울란바토르와 시라무런 초원을 보여달라!

22. 아, 이제 자야겠다, 안녕

리스본 책상

나에게는 파리 책상과 리스본 책상이 있다

아침부터 눈발이 날리더니 오후에는 제법 소담스럽게 내린다, 눈이 내리는 날은 외려 날씨가 푸근하다, 내가 기상학자가 아닌지라 정확히 그 이유는 알 수 없으나 허공을 떠다니는 수증기의 밀도, 바람과 공기의 흐름 등과 관련이 있겠지, 햇살 속으로 눈이 내리는 푸근한 겨울 오후다, 햇살 속에서 내리는 저 함박눈은 행복할까, 항복할까, 내리면서 녹는 저 눈발들에게 한번 물어봐야겠다

창가에 앉아 바깥 풍경을 바라보며 글을 쓰고 싶어 창가에 작은 책상을 하나 둔 적이 있다, 나는 그 책상을 파리 Paris 책상이라 불렀다, 이유는 간단하다, 그 책상 위에 내가 오래전 여행 다닐 때 가지고 다니던 파리전도全圖를 액자 속에 넣어 올려두었기 때문이다, 이건 웬 사대주의냐고 날 비난하시는 분들도 있겠지만 난 그냥 파리라는 도시의 자유로운 분위기와 그 모든 게 좋다

아침에 신문사에서 시론을 하나 써달라고 청탁이 왔다, 때 시 자를 쓰는 시론時論과 시 시 자를 쓰는 시론詩論을 난

잘 구분하지 못하나보다, 난 언제나 時論을 청탁받지만 자꾸만 詩論을 쓴다, 잘 구분하지 못하는 게 아니라 일부러 안 하려는 게 분명하다, 아무튼 아침에 시론 청탁을 받고 무엇을 쓸까 고민하다 한 해가 바뀌었다는 것을 문득 깨달았다, 새 술은 새 부대에 담으라 하지 않았는가, 그래서 아침부터 집안의 환경미화를 시작했다

새해가 되었으니 새로운 책상 위에서, 새로운 마음가짐으로 새로운 글을 써야 하지 않겠는가, 그것이 글을 쓰는 사람으로서 독자들에 대한 최소한의 예의가 아니겠는가? 그래서 책상을 놓을 위치, 기존에 있던 가구들의 재배치, 가구들을 이동하고 재배치했을 때의 전체적인 분위기와 편리함 등에 대하여 한참을 고민하다 결국 생각을 실행에 옮겼다, 생각만 하고 실행하지 않는 자들은 결국 자신이 꿈꾸던 삶에 당도하지 못한다

닐 영이 그러지 않았던가, "일단 시작해라, 그리고 무슨 일이 벌어지는지 한번 보자, 한번 할 만한 가치가 있는 일은 계속 반복할 만한 가치가 있다"고, 그러니 일단 한번 해보는 것이다, 그리고 조금씩 개선하면 되는 것이다, 사랑과 혁명

은 하루아침에 이루어지는 게 아니다. 생각한 것을 실천하고 조금씩 개선하며 인류는 그나마 이 거대한 우주에서 생존해왔다. 그러니 새해엔 우리도 그래야 하지 않겠는가? 사무엘 베케트도 이 비슷한 생각을 했었나보다. 이렇게 말하는 걸 보니, "다시 실패하라, 더 낫게 실패하라"

그런데 왜 리스본 책상이냐고? 책상 위에 2007년 리스본 여행에서 구입한 그림 하나를 올려두었기 때문이다. 그림 뒷면에는 이렇게 적혀 있다

Georei Charhka
Lisboa-2007
Portugal

리스본 7월 24일 거리에서 그림을 그리던 화가 Georei Charhka 씨에게, 멀리에서 새해 안부를 전한다(물론 그는 이 글을 읽지 못하겠지만, 마음만이라도!). 아울러 이 글을 읽는 독자들에게도 새해 덕담을 미리 건넨다

"푼푼한 마음으로 한 해 넉넉히 보내시라"

등불을 켠 듯 나는 내리는 눈을 바라보고 내리는 눈은 나를 바라보며 서로 눈이 밝아지는 그런 날이다

하루 종일 눈이 내려 눈은 밝아지고 마음은 따스해지는 그런 날이다

그러니 이 글을 읽는 독자들이여, 새해에는 그대들에게도 '값진' 일들만 가득하시길

선덜랜드를 위한 기도
— SUNDERLAND 'TIL I DIE

선덜랜드는 영국 동북면에 위치한 해안 도시다, 영국의 다른 도시들에 비해 노동자들이 많이 모여 사는 이 도시의 시민들은 선덜랜드 축구팀을 희망의 구심점으로 삼아 자신들의 힘든 현실을 견뎌나간다, 축구가 삶의 전부인 이들에게 그것은 하나의 신앙과도 같다

2017년 선덜랜드 축구팀은 영국 프리미어 리그에서 2부 리그인 챔피언십으로 강등된다, 2부로 강등된 지 1년 만에 다시 3부 리그인 리그 1로 강등된다

축구로 인해 삶의 모든 것에 영향을 받는 선덜랜드 시민들은 두 시즌 동안 자신들에게 찾아온 충격과 좌절감으로 어쩔 줄 몰라 한다, 축구 하나만 보면, 일류 인생이었던 선덜랜드 시민들이 졸지에 삼류 인생으로 추락한 것이다

다큐멘터리는 이 모든 과정에서 일어난 시민들의 온갖 분노와 좌절과 슬픔 그리고 희망을 끝까지 여과 없이 보여준다, 그리고 선덜랜드 구단의 내부 사정까지도 담담하게 설명하며 자본주의와 축구가 어떻게 연결 고리를 지니고 있는지 보여준다

세계의 모든 스포츠 산업은 현대 자본주의의 가장 강력한 상품이다, 그 메커니즘을 이해하는 것은 경제학자가 아니더라도 자신이 좋아하는 스포츠 경기를 한 시간만 들여다보면 쉽게 알 수 있다

이 다큐멘터리는 자본주의 시스템하에서 어떻게 하면 최선을 다해 축구에 관한 열정과 순수를 지킬 수 있는가를 보여준다. 그러니까 엄밀히 말하자면 이 다큐멘터리는 축구에 관한 것이 아니다. 축구라는 프리즘을 통해 들여다본 현실 세계에 대한 비판이며 자본주의 시스템을 견디는 모든 삶에게 바치는 희망의 기도이다

2024년 현재 '선덜랜드 AFC'는 영국 축구 2부 리그에 해당하는 챔피언십에서 10위다. 리그 상위 세 팀만이 프리미어 리그로 승격하기 때문에 현재 상황으로는 내년에도 영국 프리미어 리그에서 선덜랜드를 보기는 어려울 듯하다

그러나 1부면 어떻고, 2부, 3부, 7부 리그면 또 어떠랴. 어린 축구 선수들은 무럭무럭 자라나 여전히 공을 차고, 선덜랜드 시민들은 주말 저녁이면 경기장을 찾고 경기가 끝나면 펍에서 맥주를 마시며 그들의 삶을 살아갈 것이다. 축구가 추억이 되고 하나의 삶을 이루는 곳, 그곳이 바로 선덜랜드다

영국 동북면 오랑캐들을 위해 나는 이 밤에 이 말을 전한다

무엇인가에 미친 오랑캐들이여, 끝까지 그 꿈에서 깨어나지 마라. 인생은 어차피 한바탕의 꿈일 테니!

* 2025년 현재, '선덜랜드 AFC'는 영국 프리미어리그로 복귀하였다

흩어지는 말들 사이에서

언어가 사라지는 곳에 당도해 있다, 음악과 영상과 세상의 잡다한 것들을 꺼버리고(차마 모든 불빛마저 끄지는 못하고) 아주 고요한 곳에 나는 당도해 있다

하루 종일 한 마디의 말도 하지 않을 때가 많다, 고요함이 고독과 충만 사이에 놓여 있을 때, 모든 가능성의 순간이 움튼다, 무엇을 할 것인가, 무엇을 하지 않을 것인가?

아무것도 하지 않을 수 있고, 모든 것을 할 수 있는 결정의 순간에 나는 당도해 있다

오늘 저녁에는 아무것도 하지 않겠다(여태 그래 왔듯이!)

무엇인가 사라졌는데 아무것도 사라지지 않은, 이상한 저녁이다

*

언어는 존재의 집, 말이 사물을 탄생시킨다

사물들은 존재한다, 아니 존재할 뻔했다, 사물은 존재하지 않는다

시경에서 공자는 시를 정명이라 일컫지만, 시는 어쩌면 사

물의 존재를 가능케 하는 가장 강력한 주문이다

빛이 사물을 만들 듯, 언어는 비존재의 사물을 존재물로 바꾼다

세계는 언어로 쓰여 있다, 세계는 언어 속에서만 유일하게 존재한다, 그런 의미에서 보면 "이 세계는 글이 쓰인 한 장의 종이에 지나지 않는다"는 알랭 로브그리예의 말은 옳다

물질과 비물질의 차원을 넘어서는 곳에 '말'이 있다

언어는 이 세계를 이루는 기본 소립자이며 하나의 광대한 우주이다

태초에 '말'이 있었다, 세계는 그것으로부터 생겨났다

그렇다면 침묵은 무엇인가? 언어의 범주에 속하지 못하는 '소리'는 또 무엇인가?

나는 잘 모르니 말을 타고 밤새 침묵의 대평원을 달리며 말안장 위에 켜둔 호롱불에게 물어봐야겠다

함박눈 내리는 밤 호롱불이여, 바람도 없이 이렇게나 고

요한데 너는 왜 흔들리고 있는 것이냐?

*

슬픔은 기억의 형태로 와서 망각으로 사라진다, 그러나 생각해보면 망각의 저편으로 사라진 슬픔이, 돌이킬 수 없는 슬픔이, 기억조차 나지 않는 슬픔이 완전한 슬픔을 이룬다, 그것이 슬픔의 완성이다

생의 순간들은 결코 사라지지 않는다, 한 존재가 사라져도 그 순간들은 별빛처럼 여전히 남아 광대한 우주의 밤에 누군가의 이마를 영롱하게 비춘다

인간은 이토록 은밀하고 비밀스러운 빛에 의해 드러나며 동시에 감춰진 존재이다, 자신을 드러내려 할수록 감춰지고 감추려 할수록 드러나는 모순투성이의 존재

가느다랗고 희미한 빛이 있었다, 이제 그 빛마저 사라져버렸다, 존재는 슬픔을 바라지 않지만 슬픔은 수시로 우리에

게 찾아든다, 망각으로 가는 길을 안다, 그러나 아직은 가지 않겠다

김영동의 '멀리 있는 빛'을 듣는 새벽이다

*

예술은 페르소나를 설정하는 것
그러나 페르소나를 설정하지 않는다, 아무것도 하지 않는다

아무것도 하지 않는다는 것, 그것이 예술의 본질이라는 것을 휘어져 내리는 눈송이들은 안다

고독과도 침묵과도 싸우지 않는다

1789년에
1968년에
아니 그보다 훨씬 더 오래전에
뭔가 시작되기도 전에 이미 뭔가 끝났다

혁명은 시작되기도 전에 이미 끝나 있었다

그러니 더 이상 싸우지 않는다, 그 무수한 이별과도 싸우지 않는다

그러나 여전히 끝나지 않은 싸움이 있다
누군가의 이름을 부르며 밤새 내리는 저 눈발과 눈발의 호명에 대답하려는 욕망의 싸움, 밤새 끝나지 않는 단 하나의 싸움이 있다

*

커튼을 치고 빛을 차단한다, 빛은 사물을 만드니까, 싫다, 실타래처럼 엉켜 있는 생각과 가느다란 희망을 끊는다, 끊긴 악기의 줄로는 무엇을 할 수 있을까?

현 위의 생은 없었다, 위태로운 현 위에서 기우뚱거리며 생을, 어떤 대상을 잠시 꿈꾸었을 뿐이다, 그것이 어쩌면 존재를, 생을 의미 있는 것으로 만들고 구원할지도 모른다는

생각을 잠시 했을 뿐이다

　모든 빛을 차단하고 작은 등불 하나를 켜둔다, 그 빛에 의지해 글을 쓴다, 우울하지도 슬프지도 않다, 다만 존재할 뿐이다, 그리고 어쩌면 처음부터 모든 게 부재했을지도 모른다, 모든 게 참을 수 있는 존재의 가벼움일 뿐이다

*

　말들은 흩어진다, 밤새도록 빗방울로 때로는 눈발로 허공에서 지상으로 내려와 초원을 달리기도 하고 마구간에서 잠들기도 하다가 아침이면 다시 허공으로 날아오르며 흩어진다

　누군가에게 속삭이던 당신의 말, 당신에게 들려오던 누군가의 말은 그렇게 지상을 말달리다 허공으로 흩어지며 날아오른다

　허공의 구름들이 매만지는 사랑, 사랑이 매만지는 저 딱

딱한 허공, 근본 없는 인간의 대지에서 흩어지는 말들을 다시 부르랴?

지상의 언덕을 넘어 달아난 말은 이제는 저토록 광활한 공허의 것일지니

누군가는 쏟아져 내리는 말들을 맞고 누군가는 흩어지는 말들을 뒤쫓고 누군가는 말들 사이에 엎드려 울고 있는 눈 내리는 세상의 모든 아침이다

*

하루 종일 눈발 흩날린다, 저 허공을 가로지르며 쏟아지는 무수한 이름들
삶은, 진눈깨비거나 싸락눈이거나 함박눈 같은 것이었다

토털 이클립스Total Eclipse

지독한 허무와 무기력에 빠져 있다, 상황이 이런데 누군가에게 뭔가 희망과 위안을 주는 글을 쓰려니 단 한 줄도 써지지 않는다, 홀로 술을 마시며 생각해본다, 내가 뭔데 타인들에게 희망과 위안을 줘야 하지? 갑자기 어떤 시인의 '독자 길들이기'가 생각나 피식 웃는다

내가 읽으며 구원받을 수 있는 글을 쓰고 싶다, 그것만이 지독한 허무와 무기력에서 벗어나는 유일한 방법일 것이다, 그런데 도대체 글로 나를 구원한다고? 구원이 뭐지?

도스토옙스키가 암담했던 이유를 안다, 샤를 보들레르가 참담했던 이유도 안다, 아르튀르 랭보가 "에잇 엿 같은 시, 안 써!" 했던 마음도 안다

작은 방의 불을 켜니 전구의 모양이 토털 이클립스 같다

그래, 지금이 내 생의 토털 이클립스라 생각하자

이레귤러스Irregulars

'불규칙한 것들'을 말한다, 세상은 온통 이레귤러스한 것들로 가득하다, 내가 한 잔의 커피를 마시는 행위는 무관할 것 같은 다른 것들에 영향을 준다, 내가 아무것도 하지 않는 것조차도 미세하게 우주에 영향을 끼친다, 공동선을 위한 혁명, 글쓰기, 말, 행위를 통한 선한 영향력을 생각했었다, 그러나 이제는 그런 것들을 생각하지 않는다, 그럴만한 가치가 있는 대상은 더 이상 이 세상에 존재하지 않는다

태양의 기억이 점점 흐려지고 인류는 그저 생존을 위한 이기적 노을에 잠겼을 뿐이다, 별빛 하나 보이지 않는 캄캄하고 추운 밤이 오리라, 지구는 서서히 궤도를 이탈하여 지구의 자전이 이루는 밤과 낮이 사라지고 지구의 공전이 만드는 계절 또한 사라지리라

시인의 상상력이 이끈 과학의 진보조차 이 행성의 미래를 담보하지 못하리니, 산 자들은 살아서 죽고 죽은 자들은 수많은 소립자로 우주를 떠돌다 또 다른 행성에서 더 이상 인간이 아닌 아름다운 사물로 태어나리니, 지금 내 눈앞에 놓인 사물들이여, 도스토옙스키, 샤를 보들레르, 아르튀르 랭보, 첨단의 불행들이여

그대들과 함께 통과하는 이 밤이 56억 7천만 번째의 밤
임을 나는 안다

산골 카이에 뒤 시네마

동전을 넣고 음악을 듣고
담배 한 대를 주면 여자를 얻을 수 있었지

수염을 깎으니 꼭 벗고 다니는 느낌이야

흔들의자는 자기만의 리듬을 갖고 있지
— 프랑수아 트뤼포, 〈줄 앤 짐〉

— 다이안 레인

〈투스카니의 태양〉은 다이안 레인이 주연한 영화다. 아름다운 풍경과 살뜰한 이야기가 겨울밤에 딱이다. 사랑도, 글쓰기에도 실패했다고 생각하는 작가가 어느 날 이탈리아 여행 중 투스카니의 300년 된 옛집을 구입하고, 그 집을 고치고 수리하고 적응해가며 자신의 정체성을 되찾아가는 이야기다. 글쓰기가, 사랑이, 인생이, 우리가 거처하는 공간의 의미가 무엇인지, 한 번쯤 생각하게 만드는 영화이다

난 다이안 레인이 출연한 영화는 대부분 좋다. 왜 그럴

까? 그녀가 출연한 대부분의 영화에서 그녀는 자신의 내면 상태를 얼굴 표정을 통해 온전히 전달할 줄 아는, 내가 아는 몇 안 되는 배우 중의 한 명이기 때문이다

— 급진적 등불 공산주의자의 파리행 야간열차

적대계급의 일원과 사랑에 빠지셨다?

너는 대저택에서 자랐고 나는 계단 밑에서 자랐어

아들아, 너는 아비의 몸을 구하려 하지만 나는 네 영혼을 구하려는 게야
— 영화 〈실버 스케이트〉

등불을 밝히기 위해 누군가 스케이트를 탄다면, 상트페테르부르크의 얼음판 시장을 누빈다면, 급진적 스케이트 소매치기단의 일원이 된다면, 사상보다 빠르게 제국보다 의열하게 등불을 밝힌다면, 적대계급의 일원과 사랑에 빠진다면 그를 무정부주의자라 해야 하나? 급진적 등불 공산주의자

라 불러야 하나?

자본이 모든 걸 삼켜버리는 자본의 행성에서 누군가 등불을 밝히기 위해 스케이트를 타고 춤을 추고 글을 쓴다면, 자본에 저항하는 유일한 방법이 자본뿐인 행성에서 누군가 거리를 청소하고 아이들을 가르치고 은행에 다니고 시를 쓴다면, 적대계급의 일원과 사랑에 빠진다면 그것은 사랑인가, 오랑인가, 실랑이인가?

파리에서, 탕헤르에서, 상트페테부르크에서 이절에서의 눈송이 낚시와 리스본과 오슬로에서 그 어디에서든 열차는 밤새 파리를 향해 백 년 동안을 달려갈 테지만, 아직 태어나지도 않은 누군가는 밤새 허공을 가로지르는 흰 눈처럼 허공에 걸려 있는 등불처럼 높고 아름답고 쓸쓸하게 존재한다

— 눈송이 야간열차

생 라자르 역에서 출발한 야간열차는 밤의 터널을 통과해 먼 곳에 당도한다

안개와 올리브나무들이 손짓하는 녹색의 기나긴 밤을 지나면 여기는 오렌지색 불빛 반짝이는 리스본

꿈꾸는 것들의 부정확한 사랑처럼 결빙되지 않은 눈은 생으로 투항하며 밤새 내린다

몇 곡의 유행가를 중얼거리는 동안, 어두운 밤을 떠나온 열차는 더 어두운 새벽녘에 도착한다

먼 곳으로부터 따라온 몇 개의 눈송이도 창가에 착륙하는 새벽 역

이렇게 밤새 당도하고 도착하며 착륙하는 것들은 날이 밝으면 다시 어디로 이륙하는 걸까?

이륙과 착륙 사이로, 잠든 것들의 고요와 아직도 잠들지 않은 별빛 사이로 낡은 깃발처럼 입김을 날리며 눈송이 야간열차는 여전히 어딘론가 달려가는데

호주머니 가득 어둠과 별빛을 넣은 채 밤새 국경 근처를 서성이는 누군가의 그림자

그림자 너머의 생, 생 너머의 불꽃

눈은 생으로 투항하며 밤새 내린다

— 청진항 눈 술집

다시 톱밥난로에 불이 켜지고 맨발의 자작나무들은 걸어서 설원을 통과한다

죽은 자들의 대화가 시작되는 눈 술집, 누군가 영혼을 덥히려 눈송이들과 함께 불 켜진 선술집으로 향한다

누군가는 자작나무들과 함께 걸어서 이 밤을 통과하고
누군가는 호주머니 속 변발한 고독을 매만지며 청나라로
향하고
누군가는 이, 얼, 싼, 쓰, 오, 류, 치, 빠, 조, 시, 헤아리며 술
병을 따고 있는

독립적인 영혼들의 청진항 눈 술집이다

＊

〈재〉라는 튀르키예 영화가 있다, 그 영화에는 '픽토필리아'

라는 말이 나온다, 픽토필리아는 '허구의 인물을 사랑하는 병'이다, 영화 〈재〉는 환상과 현실의 경계에 대하여 묻고 있는 영화다, 과연 무엇이 환상이고 무엇이 현실인가? 그 옛날 장자의 질문에서 한 걸음도 더 나아가지 않았지만, 이 단순한 질문은 본질적이다

튀르키예 영화를 보다가 다시 책이 읽고 싶어져 오래전에 읽었던 오르한 파묵의 책을 꺼내 책상 위에 두었다, 『이스탄불』이다, 이것은 이스탄불, 저것은 탄불This is Istanbul, that is tanbul, 오래전 나의 추운 방을 덥혀주던 탄불!

이 글을 쓰고 있는데 우편배달부 아저씨가 우편물을 주고 간다, 뜯어보니 김민정 시인의 『읽을, 거리』, 읽을거리가 하나 더 생겼다

*

간밤에 또 폭설이 내렸다, 당분간 읍내 나가는 것을 포기해야겠다, 비가 오고 바람이 불고 폭설이 쏟아지는 날들이

여, 나는 간밤의 폭설 속에서 소리도 없이 나부꼈을 누군가의 이름을 생각하다 고요하고 격렬하게 쓸쓸해진다

아침부터 아무도 오지 않을 길의 눈을 치우다 그만두었다, 차갑고 딱딱한 고독을 호주머니에 넣고 집 안으로 들어와 히터에 손을 녹인다, 이렇게 추운 건 바깥 날씨 때문이 아니다, 마음의 온도, 영하 40도, 춥다

— 어떤 거짓된 사랑의 마음을 완벽하게 연기하기에 적절한 대사

(비어트리스는 엄마와 연인 리오를 잃고 왓슨은 셜록 홈즈를 잃은 상태에서, 비어트리스가 221b로 왓슨을 찾아와 피쉬앤칩스를 나눠 먹으며 나누는 대화)

비어트리스: 사랑을 어떻게 멈추죠?
왓슨: 뭐?
비어트리스: 누굴 사랑하는 게 너무 괴로워서 그만 사랑하고 싶을 때, 어떻게 멈춰요?

왓슨: 못 멈춰!

(비어트리스, 슬픈 눈동자로 고개를 끄덕이다 끝내 고개를 떨구고 욺)

왓슨: 괜찮니?

(휴지를 뽑아 돌아온 왓슨이 고개를 떨구고 우는 비어트리스의 뒤에서 어깨에 손을 올림)

비어트리스: 다들 날 떠나요!
왓슨: 내가 있잖아, 나는 안 떠나!

*

나는 빅토르 최의 인터뷰를 보고 시집 『라흐 뒤 프루콩드 네주 말하자면 눈송이의 예술』에 실린 시 「오랑캐략사 리절 외전」의 초고를 썼다 빅토르 최가 교통사고로 사망했다는 소식이 방송과 신문을 통해 알려졌지만 러시아의 젊은이들은 "쪼이 쥐브(초이는 살아 있다)"를 외치며 거리를 행진했다

1980년대 후반 러시아에서 진행됐던 빅토르 최의 인터뷰, 무식하고 무례한 인터뷰어에게 빅토르 최는 뭐라고 말했을까?

그의 입에서 나온 말은 여전히 예술가의 품위를 지키는 말이었다, 아름다웠다

나는 그렇게 생각한다

*

어제 오후엔 혼자 술을 마시는데 창밖에 새 한 마리가 날아와 자작나무 빅토르 최 어깨 위에 한참을 앉아 내 방을 쳐다보다 날아갔다(새가 보기에도 딱 가난한 시인의 방으로 보였겠지, 얻어먹을 게 없다는 걸 새는 금방 알아챘을 것이다)

나는 그때 방안에서 빅토르 최의 '꾸꾸슈까(뻐꾸기)'를 듣고 있었다, 그 새는 물론 뻐꾸기는 아니었다, 작은 참매이거나 이곳에서 흔히 볼 수 있는 텃새였을 것이다(나는 어린 시절을 시골에서 보냈지만 조류에 관해 무지하다)

아무튼 나는 그 새가 빅토르 최와 관련이 있을 거라는 상상을 했다, 세상의 공식 발표로는 29세에 죽은 빅토르 최, 살아 있다면 63세가 됐을 빅토르 최

작업실 이절에서의 눈송이 낚시 앞마당에는 내가 심은 자작나무 빅토르 최가 산다, 어제 날아온 새는 술 취한 시인의 눈에 띄어 '빅토르'라는 이름을 얻었다, 새의 종류가 뭐든 빅토르 최의 어깨 위로 날아온 새는 빅토르인 것이다

— 미염공美髥公

평상시 긴 수염을 기르고 자존심이 강했던 관우, 유비가 촉을 정벌한 후 공을 세운 장군들을 오호 장군으로 임명하는데 자신과 함께 서량 출신 젊은 장군 마초가 오호 장군

으로 임명되자 관우는 자존심이 상해 몹시 속상해한다

그때 제갈량은 관우를 '미염공'이라 부르며 그를 위로한
다. '수염이 아름다운 사람', 평상시 자신이 존경하던 공명이
자신에게 별명을 붙여주었다는 사실 하나에 관우는 세상
을 다 얻은 듯 속상함을 잊고 즐거워한다

누군가에게, 아름다운 별명을 붙여주고, 불러주는 것! 어
쩌면 그것이 타인에 대한 존중과 사랑의 시작이다

— 헬싱키의 유령들

지구의 땅끝 마을 핀란드의 밤은 적막하다. 눈이 퍼붓는
밤이면 거리엔 인적마저 끊기고 불 켜진 헬싱키의 거리를 유
령들이 행진한다
카르피, 누루미, 두루미, 이미는 사람들의 이름, 사람들은
자신의 이름을 외투처럼 두르고 자신보다 더 따스한 이름
을 찾아 떠난다
'핀란드'라는 말은 미얀마어로 '엉덩이를 까 보이다'라는

뜻이지만 너무 추워 엉덩이를 까 보일 수 없는 핀란드는 그저 핀란드일 뿐

탈린으로 향하는 배에는 배의 절반 가득 이미 얼음으로 가득한데 두루미는 얼어 죽고 이미jimmy는 지미, 카르피는 카르피, 누르미는 누르미

커피를 마시는 밤 세상이 나를 누르지 않아도 자기 자신의 이름을 불러보는 밤은 이미 적막하다

적막해서 사랑의 눈꽃들이 피어나는 곳, 핀란드, 내가 지금 피워 문 담배의 이름이여

태생이 뭐든 더 이상 묻지 마라, 나는 이제부터 너를 핀란드라 부르리니

오, 핀란드! 내 안에서 타오르는 불꽃의 이름이여

— 퐁뇌프 다리엔 다시 가지 마세요

살아 있음이, 매 순간이
하찮음이, 오, 비루한 이 세계가
던져짐, 지나감, 침묵, 통곡이
물망초가

연인들의 거대한 초상화 같은 이 세계가

나는 매 순간이 무섭다

퐁, 빠지면 뇌, 가 아플 것 같은

퐁뇌프 다리엔 다시 가지 마세요

* 레오 까락스는 <퐁뇌프의 연인들>에서 무얼 말하고자 했나, 줄리에트 비노쉬, 드니 라
방을 통해 한숨, 열정, 사랑과 질투, 집착과 초월, 영원하지 않은 영원, 청춘, 노쇠, 예술
과 현실의 경계, 뭐 그런 걸 말하고자 했나?

프랑수아 트뤼포, 장 뤽 고다르 때가 프랑스 영화의 전성기였다, 마음대로 쓰고 마음대
로 찍은 작가주의 영화들, 그들은 영상을 통해 문학을 실현했던 것, 그때에 비하면 요
즘의 영화는 대부분 망했다, 봉준호 등 몇몇 '라흐 뒤 픽사리'를 구현한 영화를 제외하
곤 대부분이 그렇다, 그건 영화뿐만이 아니라 지구촌 예술계 전반의 상황이다, 예술적
거장이 없는 시대에, 예술의 난민촌에 우리는 살고 있다, 물론 나의 소견일 뿐이다

— 브레이킹 배드Breaking Bad

는, 미국 남부의 구어체로 '지옥을 일으키자', '막 가자',
'반항하자'라는 뜻을 지닌다, 빈스 길리언 감독이 만든 62
부작 드라마의 제목이기도 하다

　62부작의 중간 정도부터는 〈Better Call Saul〉의 등장인
물이 나오며 두 이야기가 연결되기도 한다, 흔히 '메스'라 불

리는 마약 메스암페타민 제조자인 화학자 '월터 화이트'가 이야기의 중심에 있다, '월터 화이트'는 약자가 w.w로 『풀잎』을 쓴 미국 시인 월트 휘트먼과 약자가 같다, 약자 w.w는 이 드라마의 핵심 키워드로 작용한다

범죄, 스릴러이며 아주 폭력적이고 어두운 내용을 담고 있지만 감독이 던지는 메시지는 의외로 선명하고 본질적이다, 자본이 모든 것의 핵심 기제로 작용하는 사회에서 무엇이 선이고, 무엇이 악인가? 개인의 욕망과 집단의 욕망이 부딪치는 지점에서 어떤 것이 우선인가? 과연 자본(돈)이란 무엇인가? 자본주의 사회에서 자본에 의해 형성된 권력, 파렴치, 비정함은 어떻게 타개할 수 있을까? 사랑?

수많은 질문을 던지면서도 거기에 대한 해답은 제시하지 않는다, 감독 역시 정확한 해답을 알지 못하기 때문이리라

이 영화(드라마)를 보며 드는 생각은 '막 가자, 그러나 잘, 막 가자!', 보이지 않는 거대한 손(국가, 공권력, 사회, 정치, 이념 등)에 의해 기획되고 조립된 삶은 어떤 의미가 있을까? 그러니까 우리는 '막 살자, 그러나 자신이 원했던 대로 막 살자, 모든 것에 반항하며 막 살자, 그 어디에도 구속되지 말고!'

— 파 프롬 헤븐

감춰진 사물들의 뒷면에는 무엇이 있는가? 음악과 본질적 고독과 여전히 진행 중인 사물들의 삶이 있다

부동의 자세로 끊임없이 움직이는 사물과 시간, 음악은 여기에서 탄생하고 소멸하며 자신도 감당할 수 없는 곳으로 영속의 발걸음을 옮긴다

빗방울 소리, 기억이 허름한 처마 밑에서 푸스스 담배를 피워 올리는 소리, 끝장난 청춘의 망령 같은 현실은 없다, 청춘이 없었던 게다

무엇이 멀고 무엇이 가까운가? 질문은 멀고 대답은 가깝다, 아무 소리도 나지 않는 곳, 그곳이 파 프롬 헤븐이다, 나는 그곳에 온전히 닿기를 원한다

— 헨리 데이비드 소로와 그 반대편 상황

세계를 '프리티'와 '어글리'로 나눠 보여주는 영화가 있다, 영화 〈어글리〉다

'프리티'의 세계는 평균적이고 획일화된 인공외모의 세계

라면 '어글리'의 세계는 태생적이고 개성적인 자연외모의 세계다

어글리의 세계는 헨리 데이비드 소로를 지향하고, 프리티의 세계는 인공낙원을 꿈꾼다

나의 생활을 돌이켜보며 나는 어느 쪽의 세계를 지향했던가? 자문해본다, 나는 월든 호숫가에서 콩과 귀리를 재배하고 야생 사과를 먹는 삶을 꿈꾸지는 않았다, 그렇다고 인공낙원의 세계를 꿈꾼 것도 아니다

내가 속한 세계가 어디든 나는 그 모든 세계로부터의 독립을 원했던 것이다, 화이부동和而不同의 세계, 그 어느 것과도 불화하지 않되 온전히 나에게로만 속하는 독립적 삶, 그런데 자본주의 지구 위에서는 그게 이렇게도 어렵다

— 유령 실

유령 실들이 지나간 자리마다 유령의 옷들이 만들어진다

외투는 하나의 형식, 형식으로만 존재하는 세계에서 유령 실로 지은 외투를 입고 유령처럼 살아가는 이들이 있다

나는 너를 외투처럼 입고 다닌 적이 있다

나는 요즘 옷에 거의 신경을 쓰지 않는다. 먹는 것도, 잠자는 것도 신경 쓰지 않은 지 오래되었다. 이미 오래전에 유령이 됐다는 얘기다. 영화 〈팬텀 스레드Phantom Thread〉를 보다가 문득 든 생각이다

— 폴리 아 되, 다른 삶에 전염되는 방식

정신병리학적 용어이다. 모든 예술 활동의 기쁨과 감동 역시 일종의 '폴리 아 되' 현상으로부터 온다. 〈조커〉라는 영화에서 이것을 영화의 부제로 쓴 것은 어쩌면 당연한 것이다. 프리드리히 니체도 말했듯이 선과 악을 넘어서는 곳에 인간 개개인이 느끼는 아름다움과 그 아름다움을 선취하려는 권력욕이 존재한다

그러나 예술에서의 '폴리 아 되' 현상은 권력욕과는 다른 '교감'을 전제로 한다. 증폭되는 영혼의 쌍방향 교감이 예술가에게는 성취감을, 또한 예술품을 즐기는 자에게는 생의 충만감을 준다. 어떤 종류의 감정이든 그것은 무한을 향해 열려 있기 때문이다

인간을 둘러싼 현실적 한계를 넘어서는 곳에 예술적 환희

와 예술적 현실이 있다, 예술을 살고 있는 사람들은 분명 또 하나의 다른 삶을 살고 있는 것이다

— 김태리, 예술적 낭만의 에피파니

〈미스터 션샤인〉의 아름다움은 선명하고 다양하다, 김은숙 작가가 구축한 탄탄한 줄거리와 맛깔스런 대사, 등장인물(고애신, 최유진, 김희성, 구동매 등)들의 도드라진 개성과 비극적 서사의 낭만적 전개, 시대를 오롯이 담고 있는 풍경 등

요즘 방영되고 있는 〈정년이〉도 〈미스터 션샤인〉이 갖고 있는 미덕을 골고루 갖추고 있다, 미스터 션샤인이 문학적이라면 정년이는 좀 더 음악적이다, 국극을 소재로 했으니 음악적인 게 당연하겠지만 말이다

두 드라마의 공통점과 차이점은 평론가들이 잘 구분할 테지만, 두 드라마의 핵심과 정점에 놓인 인물이 '김태리'이다

김태리의 연기를 보는 것만으로도 주말은 푸근하고 마음은 한없이 푼푼해진다, 얼마 전 죽은 일본의 음악가 류이치 사카모토도 김태리의 팬임을 고백한 바 있다, 나 역시 그렇다

김태리의 출연과 존재 자체가 드라마 혹은 영화를 완전

히 다른 것으로 바꾼다, 예술가의 존재 이유이다, 아름다움이 많은 계절은 그래도 견딜 만하다, 우리 함께 이 계절을 천천히 통과하자!

— 원래 아침 안 먹는다!

영화 〈전, 란〉(영화는 전, 쟁, 반, 란 4부로 이루어져 있다)에서 청의검신靑衣劍神(푸른 옷을 입은 검의 신)으로 나온 천영(강동원 분)이 왜장한테 하는 말이다

그런데 왜 이토록 단순한 대사가 상징적으로 들리는가? 왜장의 "밥은 먹었나?" 하는 질문에 청의검신은 "원래 아침 안 먹는다!"라고 답한다, 이 대답은, 그의 신분과 그가 처한 상황과 그의 성정과 자존심을 대변하는 말이다, 이 한 마디 대사가 청의검신의 모든 것을 명쾌하게 표현해준다

나도 원래 아침을 안 먹는다! 여러 가지 상황과 이유가 있겠지만 오랜 나의 습관이다, 아침을 먹고 하루를 일찍 시작하는 아침형 인간도 아닐 뿐더러, 이 세계(자본주의와 돼먹지 못한 자본추종자들의 세계)와는 늘 반대되는 생활을 꿈꾸었기 때문이다

영화를 보다보면, "편애는 소수의 교만을 낳고 박애는 다수의 무질서를 낳으니 다스리는 자들은 고달픈 숙명 아니겠느냐"는 자신의 권력 유지에 눈먼 선조(차승원 분)의 헛소리도 나온다

영화 〈전, 란〉을 말하려는 게 아니다, 청의검신으로 나오는 강동원을 말하려는 것도 아니다, 때론 누군가 무심코 던지는 말이 '시'가 될 때도 있다, 시는 어디에나 있고 그 어디에도 없다, 그게 시다

그러고 보니 '시'를 말하려 했다, 그러나 '시'는 말하는 순간 사라져버린다, 그게 시다

"밥은 먹고 다니냐?"(〈살인의 추억〉에 나오는 송강호의 유명한 대사다)

"원래 아침 안 먹는다!"(〈전, 란〉에 나오는 강동원의 앞으로 유명해질 대사다)

시인들이여, 누군가 그대에게 시가 뭐냐고 물어오면 이렇게 대답하자!

"원래 아침 안 먹는다! 시도 그래!"

— 공간의 미학

〈시크릿 윈도우〉는 조니 뎁이 작가로 나오는 영화, 가구로 가려졌던 비밀의 창문이 드러나고 그 창문을 통해 여러 가지 사건들을 알게 되는 이야기, 작가의 창작의 고통과 표절의 문제도 제기하고 있는, 그리 나쁘지 않은 스릴러 영화이다, 넝마 같은 옷을 입은 조니 뎁의 도드라진 외모도 영화에 집중하는 데 일조한다

내가 거처하고 있는 공간에도 시크릿 윈도우가 있다, 무엇을 보지 않기 위하여 가려둔 창문이 아니라, 가구 배치 문제로 어쩔 수 없이 가려진 '시크릿 윈도우'다

살면서 느끼는 것이지만, 세상에서 가장 아름다운 집은 그 어떤 가구도 놓이지 않은 완벽하게 텅 빈 집이다, 그러니까 세상에서 가장 아름다운 집은 현실적으론 존재하기 어렵다는 말이다

가끔은 최소한의 것만 놓인, 거의 텅 빈, 미니멀한 공간을 꿈꾼다, 그러나 그 공간에 이르기까지 우리의 욕망은 너무 크고 우리가 가진 것은 너무 많다

버려야 할 것들이 많다

— <그 여자의 집> 혹은 자기만의 방

　칠레의 작가 마리아 카롤리나 헬이 연인을 죽인다. 내성적인 성격의 법원 서기 메르세데스(메체)는 판사를 돕는 일을 하다가 카롤리나의 아파트 열쇠를 갖게 되고 카롤리나가 수녀들이 운영하는 교도소에 있는 동안 작가의 집을 드나들며 타인의 삶에 빠져든다. 결국 칠레의 유명 문인들의 청원이 대통령에게 받아들여지고 카롤리나는 500여 일의 수감 생활 동안 「여자 교도소」라는 소설을 쓰고 사면돼 집으로 돌아온다. 물론 메체는 카롤리나의 사면 소식을 듣고 그녀의 집, 타인의 삶에서 빠져나온다.

　칠레의 정치 상황은 가브리엘 가르시아 마르께스가 쓴 『칠레의 모든 기록』에 여실하게 드러나 있지만, 이 영화는 당대의 칠레를 살고 있는 한 여성의 슬픔과 꿈 그리고 현실을 적나라하게 보여준다. 타인의 집에 드나들면서 타인과의 교감을 이루고 타인의 삶에 빠져든다는 설정은 지극한 설득력을 지닌다. 왕가위의 <중경삼림>과는 비슷한 듯하지만 완전히 다른 설정이다. 살인자의 집에 머무는 것을 안 남편에게 메체는 말한다. "사는 게 너무 시끄러워, 그냥 조용한 곳이 필요했을 뿐이야"

한 잔의 차를 마시고 음악을 듣고, 홀로 자기만의 시간을 갖는 것, 그것이 인간의 삶에서 얼마나 중요한 것인지를 〈그 여자의 집〉은 말하고 있다. 인간에게는 '자발적 고독의 시간'이 필요한데 그것은 독립된 공간의 확보를 전제로 한다.

그대를 온전하게 독립시키는 공간은 어디인가? 설령 그곳이 추상적 공간일지라도, 그곳으로 가서 자신의 실체를 마주하라. "삶은 실제적이었다"는 미셸 우엘르베끄의 고백 너머에, 레밍턴 타자기가 놓인, 생생하고 단단한 고독의 실존이 있다.

— 여우참새 외전, 도스토옙스키의 밤과 톨스토이의 낮

며칠 동안, 욘 보켄캄프 원작, 제임스 스페이더(레이먼드 레딩턴 역)와 메간 분(엘리자베스 킨 역)이 출연한 범죄 드라마 〈블랙리스트〉를 보고 있다. 한 시즌은 보통 20화로 구성되고 시즌 10까지 있는데 나는 아직 시즌 5를 보고 있다.

〈블랙리스트〉를 보며 드는 의문 두 개, 어떻게 블랙리스트의 넘버를 매기는가? 범죄의 구성 요건은 실정법 위반 여부인가 아니면 인간 군상의 양심에 따른 도덕률인가? 뭐 어쨌

든, 제임스 스페이더의 착모와 탈모 연기는 어떤 감정 연기의 정점을 보여준다

현실 세계에서 무엇이 범죄이고 아닌지는 관심 없지만, 〈블랙리스트〉를 보며 이런 생각을 한다, "세상에 만약 우아하고 격조 높은 범죄가 있다면 그것은 예술이어야 한다"고, 왜 그런 생각을 했는지는 모른다, 다만 이토록 부조리한 세계에서 어떤 저항의 멜랑콜리가 예술을 촉발하는 추동력이라면, 예술은 당연히 우아하고 격조 높은 하나의 범죄여야 한다, 는 생각을 했을 뿐이다, 심지어 그것은 너무나 아름답고 강력한 행위여서 세상의 그 누구도 간섭할 수 없어야 한다는 생각을!

* 현재, 〈블랙 리스트〉 시즌 9; 12화를 보고 있다, 레이먼드 레딩턴 역 제임스 스페이더의 착모와 탈모 연기는 아무리 봐도 질리지 않는다('레딩턴의 모자'는, 화면 속에서 하나의 소품을 넘어 마치 하나의 캐릭터처럼 등장하고 연기한다, 물론 '모자'를 하나의 캐릭터로 격상시킨 건 제임스 스페이더의 무표정을 가장한 출중한 표정 연기라는 생각)
〈블랙 리스트〉를 시즌 10; 마지막 화까지 볼 수 있는 것은 〈무가당 담배 클럽〉과 〈센티멘털 실업 동맹〉 회원들의 게으른 권리다, 다시 글을 쓸 수 있을 때까지 뭔가를 끼적거리며 나는 밤새 행성의 첫눈을 기다리느니, 그대들은 부디 아름다운 시절에 살기를!

— 이토록 서정적인 SF 영화 〈애드 아스트라〉

　영화 〈AD ASTRA〉는 지구에서 달과 화성을 거쳐 해왕성까지 아버지(토미 리 존스)를 찾아가는 아들(브레드 피트)의 이야기다, 브레드 피트의 내레이션으로 진행되는 영화는, 광활하고 차갑고 공기가 희박한 우주에서 이야기가 펼쳐지지만, 자신의 일에 미쳐 가정을 팽개치고 나간 아버지를 찾아가 끝내 아버지를 이해하고, 아버지와 이별하는, 아들의 담담한 모험을 서정적으로 그리고 있다

　아버지와 만난 후 아버지를 지구로 귀환시키려고 줄을 묶어 나오는 아들, 두 사람이 줄에 묶인 채 우주 공간을 유영하는 해왕성 근처의 모습은 인간의 절대 고독을 떠올리게 한다, 막막한 우주에 두 사람은 끈으로 연결되어 있지만, 결국 아들은 아버지의 결정을 존중하여, 아버지가 연결된 끈을 푸는 것을 묵인한다

　지구로 귀환한 브레드 피트는 이렇게 말한다, "이젠 나에게 소중한 것들만 사랑하며 살겠어", 이토록 단순한 독백이 큰 울림을 주는 것은 머나먼 해왕성까지 가서 인간의 본질적 고독을 체험한 자의 입을 통해 나온 말이기 때문이리라

　이런 류의 영화가 식상하다면, '니벨룽겐의 반지'를 모티

브로 금고털이 기술자의 이야기를 다룬 〈아미 오브 더 데드; 도둑들〉을 아마 가볍게 볼 수 있을 것이다

이런 류의 영화도 싫다면, 여인들의 초상화만 모으며 사는 경매사의 이야기를 예술적으로 다룬 〈베스트 오퍼〉를 권한다. 아무튼 난 3편 모두 아주 흥미롭게 봤다. 물론 순서는 〈베스트 오퍼〉, 〈도둑들〉, 〈애드 아스트라〉 순이다. 난 이 3편을 '고독 3부작'이라 부르겠다

어제는 너무 많은 육체노동과 감정노동을 했다. 피곤하다. 아침이다. 자야겠다. 굿모닝, 굿바이!

— 삶의 마지막 당신이 듣고 싶은 음악은

영화 〈코다〉의 포스터를 보면서 이 포스터의 푼크툼은 어디에서 오는 것일까 오래 생각했다. 처음에는 여인의 초상에서 녹색과 붉은색의 대비에서 오는 것이라 생각했다

오늘 포스터의 핵심 부분만 오려내어(아깝지만 어쩌랴, 버릴 건 버려야지) 벽에 붙이고 한참을 들여다보다가 뒤늦게서야 또 다른 푼크툼을 알아챘다

거실에 붙어 있는 여인의 초상보다는 벽을 돌아 나오는

류이치 사카모토의 희미한 실루엣이다, 피곤한 듯 목 부분으로 뻗은 양손이다, 손동작을 통해 안경에 가려진 그의 표정은 저절로 읽힌다

이 사진에서는 두 가지가 극명하게 대비된다, 예술과 예술가, 채색과 무채색의 대비, 이상과 현실의 간격 사이에서 예술가의 초상은 반쯤 드러난 무채색의 그림자 정도로 존재한다

삶의 마지막 당신이 듣고 싶은 음악은 무엇인가?

세상의 모든 음악, 이라고 말하지는 말자!

— 상처 입은 공간

상처 입은 공간에 대하여 생각한다

홍상수는 〈극장전〉에서 배우 김상경의 입을 통해, "계속 생각해야 해, 그래야만 살아남을 수 있어!"라고 말하지만, 뭔가를 계속 생각하는 것도 엄청난 중노동이다

일찍이, '색채 공산주의'(뭐, 세상에 존재하는 색채를, 누군가 하나의 상징으로 독점하지 말고, 공평하게 나눠 쓰자는 얘기)를 공표하고 싶을 정도로 색채에 민감한 나는, 어느 공간에 물건 하나 가져다 놓는 데도 하루가 걸린다(그런 의미

에서 '색채 상징주의'는 넌덜머리가 난다)

색채는 다만 색채일 뿐, 거기에 상징을 부여하는 것은 인류의 오만이다, 그럼에도 불구하고 인류는 끊임없이 사물에 상징을 부여한다(인류여, 상징은 다만 개인의 추억으로부터 와야 한다, 집단무의식 말고!)

상처 입은 공간에 대하여 생각한다, 폐허가 돼버린 공간에 대하여 생각한다

〈이고르와 학의 여행〉 포스터를 골방으로 옮겨오는 데 꼬박 하루가 걸렸다, 원래 이 포스터가 있던 공간이여, 상처 입은 공간이여, 미안하다, 미안해서 '너를 사랑했다'는 말은 차마 할 수가 없구나, 굿나잇

그대는 하나의 공간이다, 기억 속의 아름다운 폐허다

— 롤링 선더 레뷰

어느 문학잡지에서 '이달의 시인' 특집을 한다고 해서 5편의 시를 보냈다, 원고를 다 보내고 홀가분한 마음에 마틴 스콜세이지의 밥 딜런 이야기 〈롤링 선더 레뷰〉를 본다

영화를 보다보니 갑자기 대학생 때 듣던 이 노래가 듣고 싶어졌다. 미국이나 유럽보다는 떠돌이 집시들이나 동양권에서 유행한 노래 〈One more cup of coffee〉, 집시풍의 바이올린 선율이 인상적이다

〈롤링 선더 레뷰〉는 〈노킹 온 헤븐스 도어〉를 부르는 밥 딜런의 모습으로 끝난다

*

밥 딜런은 투어 버스에 자신과 의기투합할 수 있는 사람들(존 바에즈, 앨런 긴스버그, 패티 스미스, 조니 미첼 등)을 태우고 미국 전역을 돌며 수지타산이 맞지 않는 공연을 했다. 예술가들이 꿈꾸는 걸 그는 직접 실험했고 실현했다. 그의 샤우팅 창법은 시를 전달하는 하나의 방법이었다. 그는 노래로 시를 썼고 시로 노래를 불렀다. 가수로부터 벗어나려는 안간힘에도 불구하고 그는 결국 가수였고, 시를 쓰지 않으려는 발버둥에도 불구하고 그는 끝내 시인이었다.
1975년부터 시작된 밥 딜런의 〈롤링 선더〉 공연은 2018년

까지 이어졌다

혁명적 인간이 시를 쓰고 공연을 한다

— 파리 투 마르세유

〈파리 투 마르세유〉라는 영화를 보면, 제라르 드빠르디유가 호텔에서 조식을 먹으려고 빵과 커피를 가져오며 〈나는 아파요〉라는 노래를 흥얼거린다, 그리고 젊은 래퍼가 이 노래를 따라 부르자 묻는다

"세르주 라마를 알아?"

세르주 라마의 노래다, 라라 파비앙이 다시 불렀다, 라라 파비앙보다 난 세르주 라마의 원곡이 좋다, 가사 번역을 보고 싶은 분은 라라 파비앙을 찾아 들어보기 바란다

GLISSANT SUR LES GOUFFRES

〈파리 투 마르세유〉에 나오는 유치장 벽에 누가 낙서를 해놓은 것이다, 나는 이 장면을 보면서 왜 갑자기 파울 클레의 '새로운 천사'를 떠올렸는지 모르겠다, 새로운 천사 같은 건 없다, 모든 것들은 천사였거나, 천사이거나, 더 이상 천사가 아닐 뿐이다

모든 정지된 사물 속에는 어떤 유동성이 있다, 심리적인 것이든 물리적인 것이든 이 세상에 절대적 부동성은 없다, 모든 사물은 유동적 존재이다, 모든 부동성은 유동성을 전제로 한다, 모든 게 끊임없이 움직이고 있다, 그런데 한 가지 드는 의문이 있다, 그렇게들 움직여서 뭘 하려구?

〈파리 투 마르세유〉는 아름다운 영화다, 음악, 미술, 문학을 다 담고 있는 '토탈 아트 시네마' 정도라 해두자, 주말에 이런 영화 한 편만 볼 수 있어도 삶이 그리 나쁘진 않다

영화와 어울리진 않지만 아까부터 자꾸만 세르주 갱스부르의 〈이니셜 B.B.〉가 떠올랐다, 예전에 홍대 있을 때 강정 시인이 살던 동네에서 데려와 기르던 십자매 한 쌍이 있었다, 걔네들 이름이 '갱스'와 '부르'였다

르 클레지오 다음으로 소설을 잘 쓰는 친구
— 패엽경卿과의 일박, 술의 파토스

— 방은 왜 저 책들 속에 갇혔는가?

　방의 감옥, 감정의 무한, 가끔은 수식어의 순서를 뒤바꿔 쓴다, 사람들이 쓴 책을 모아둔 방이 있다, 처음에는 그 방을 책의 감옥이라 생각했는데 다시 생각해보니 방의 감옥이 될 수도 있겠다, 방은 왜 저 책들 속에 갇혔는가? 가스통 바슐라르는 도서관을 지상에 있는 천국이라 했지만, 내 생각으로는 모든 작가들의 천국과 지옥은 그들이 쓴 책 속에 있다, 나는 열한 개의 천국과 지옥을 가지고 있다, 여전히 홀수다, 짝을 이룰 수 없다, 짝 이룬 남녀는 서로 사랑한다, 프레데릭 파작의 말이 옳을 수도 있지만 파작의 말은 개수작이다, 윌리엄 블레이크가 천국과 지옥을 강제 결혼시켰다, 브레이크가 없는 놈, 나쁜 놈, 술 한 잔 마시고 오늘밤엔 방의 감옥으로 가서 방을 면회하고 대화를 좀 나눠야겠다, 음악이 필요하겠다, 레너드 코헨을 데리고 갈까, 루 리드, 톰 웨이츠, 빅토르 최, 닉 케이브, 누구라도 좋다, 단 한 명만 있으면 된다

— 심리적 허기

오늘은 와인이나 한잔, 이게 오늘의 첫 식사이자 마지막 식사이겠지만 하루 한 끼만 먹어도(마셔도) 인간은 산다. 사람들이 늘 배가 고픈 건 심리적 허기 때문이다. 끊임없이 뭔가를 채우고 싶어 하기 때문이다. 술 한잔으로 잠시 영혼의 목마름을 달랠 수 있다면 그게 바로 지상의 양식. 르 클레지오의 『허기의 간주곡』이라는 소설이 있다. 물리적 허기를 심리적 허기로 바꿔 변주한 소설이다. 르 클레지오는 연희창작촌 행사 때 만나 악수를 하고 몇 마디 주고받은 적이 있는데 그의 손은 정말 두툼했다. 신뢰감을 주는 손이었다. 그의 초기 작품들을 좋아하지만 나이든 그의 모습을 보며 '이런 사람이니까 그런 작품을 썼구나' 하는 생각을 했다. 르 클레지오 다음으로 소설을 잘 쓰는 친구가 김도연이다. 남들이 뭐라 말하든 난 그렇다고 생각한다

— 패엽경貝葉經

조개껍질이나 나뭇잎에 적은 불경을 패엽경이라 한다지.

세상엔 수많은 패엽경들이 있겠지만 난 소설가 김도연의 『패엽경』이 좋다, 혼자 쓸쓸히 술을 마시거나 누군가와 대화하고 싶을 때 도연의 패엽경을 들춰보곤 한다, 세상에 이런 책이 많았으면 좋겠다

 * 김도연의 설명에 의하면 패엽경은 패다라수라는 활엽수의 잎에 적은 나뭇잎 경전.

산다는 것은 하나의 추억을 완성하기 위하여 집요하게 애쓰는 것이다
— 파트릭 모디아노

진부 도연의 집에는 한 번 놀러가본 적이 있다, 그때 도연의 부친과 모친을 뵀다, 언뜻 뵈었지만 도연의 부모님을 뵌 후 도연은 더 잘 읽혔다, 도연을 만든 건 팔 할이 부모님이었다, 우주를 품은 듯한 도연의 작은 방에서 그날 우리는 밤새 돌배주를 마시고 진짜로 우주를 품었다

김도연의 『패엽경』에는 이런 구절들이 나온다

"나는 세상을 떠돌고 아버지는 평생 저 골짜기에서 김을

매고 계신다, 나는 아버지의 저 밭고랑 원고지를 따라갈 수 없다는 걸 비로소 알았다, 고향집 뒤란의 꽃들이 백일홍이라는 것도 오늘 알았다, 어머니는 남의 집 일을 가셨고 나는 우편물을 챙겨 들고 고향집을 떠났다, 백일홍, 백일몽, 백년 동안의 꿈과 고독"

"어제는 정선 거리를 걸었다, 막걸리가 깨지 않아 강물 옆에서 돌 구경을 했다, 고개를 수그린 채 오래, 오늘은 빗방울이 날리는 진부장거리를 구경했다, 밥맛이 없다는 아버지가 사 오라는 빵을 샀다, 단팥과 크림이 들어간 것으로, 난전에서 어묵과 호떡으로 점심을 해결했다, 친구의 시집간 여동생을 만나 좀 창피했다, 막걸리 한 잔 마시고 싶었는데 도서관 직원이 바쁜 거 같아 그만뒀다, 방울토마토 한 봉지를 샀다, 하늘은 어제와 달리 어두웠다, 전화기는 며칠째 침묵을 고수하고 있다, 물론 전화를 걸지도 않는다, '산토끼 사냥'이 끝나가고 있다, 어떤 토끼가 나타날지 궁금하다, 언젠가 자정 넘어 정선역에 내린 적이 있다, 파란 하늘은 그래서 나의 어떤 인생과는 매우 낯설다, 낯설고 쓸쓸하다"

박제영 시인을 통해 도연의 부친상 소식을 접한다, 삼가

고인의 명복을 빈다

　강원도 촌놈, 눈발의 로맨티스트 도연아, 상심이 크겠지만
아버님 잘 보내드리길

　— 풍의 여행

　비에 젖은 토요일 오후다, 잠시 이절 작업실에 들르겠다
는 도연의 전화를 받고 그제서야 늦은 잠에서 깨어났다

　커피 물을 끓여 커피를 한잔 마시고 있는데 도연이 도착
했다, 들어와 가볍게 술이라도 한잔하자고 청하는데도 도연
은 한사코 야외 테이블에 앉는다, 그리고 불쑥 방안에 책
한 권을 두고 나온다, 새로 나온 책을 건네주러 온 게다, 커
피 한 잔을 마시고, 담배 한 대를 피우고 도연은 빗속으로
표표히 떠난다, 저게 '도연의 여행'이겠지

　빵을 좀 썰어 안주 삼아 맥주를 마시며 도연이 방안에
남겨두고 간 『풍의 여행』을 읽는다, 신목 풍이 산 아래 첫 마

을인 구산 서낭당으로 들어서는 장면(32쪽)까지 읽었다, 작가는 아주 힘들게 썼을 텐데 너무나 쉽고 재밌게 읽힌다, 그러면서 문득 이런 생각이 들었다

'풍의, 단의, 도연의 혹은 누군가의 여행(삶)이란 게 어쩌면 글쓰기와도 같겠구나!
누군가의 삶이란 타인에게는 그렇게 쉽고 재밌게 이해되는데, 정작 본인에게는 아름답고 황홀하고 허망하고 슬펐던 것!'

비 그치고 산안개 자욱하다, 계속 술을 마시며 『풍의 여행』을 따라가봐야겠다

— 젊은 영혼들의 만남과 이별의 짧은 기록

양-조위 군이랑 아침 산책을 끝내고 들어와 어제 읽다 남은 김도연의 『풍의 여행』을 다 읽었다

『풍의 여행』은 강릉단오제를 바탕으로 벌어지는 신목 풍의 짧은 여정을 다루고 있으나 그 배면을 이루는 것은 인간

의 오래된 문명과 관습, 만남과 이별, 사랑하는 것과의 재회에 대한 때 묻지 않은 순수한 욕망이다

『풍의 여행』은 신목 풍의 여행이지만 바람의 여행이기도하다, 풍, 단, 석기라는, 바람을 타고 떠도는 젊은 영혼들의만남과 이별의 짧은 기록이기도 하다

풍과 단과 석기의 성격이 조금씩 드러나기 시작할 즈음이 소설은 끝이 난다, 아니 소설은 158쪽에서 끝이 나지만외려 풍의 진정한 여행은 158쪽 이후부터 시작된다고 볼 수있다

독자들은 풍과 함께 대관령으로 돌아갈 수도 있고, 저 먼은하수를 향해 날아가며 『은하수를 여행하는 히치하이커를 위한 안내서』 같은 두툼한 상상에 들 수도 있으리라

오랜만에 아름답고 긴 시 한 편을 읽었다

도연아, 수고했다, 조만간 속편 부탁하마

* 『풍의 여행』이 많이 팔리고 많이 읽혔으면 좋겠다, 강원문화재단 같은 곳에서는 이런 책 좀 지원 안 해주나? 좋은, 훌륭한 예술작품에 대한 아낌없는 지원! 국민의 세금으로 운영되는 문화재단의 존재 이유가 그런 것 아닌가?

— 고독의 우아한 사용

고독은 얼마나 소장하고 있는가보다는, 얼마나 적절히 사용하는가 하는 것이 중요하다

원주 단계동에 가면 코다coda라는 음악다방이 있다, 원주처럼 문화적으로 척박한 곳에서 코다는 나름의 고독을 소장하고 있다, 그러나 소설가 김도연과 함께 찾아간 코다에서 나는 이런 생각을 했다, '코다는 과연 고독을 얼마나 사용하고 있을까?'

서울 홍대에는 코케인cocaine이라는 뮤직바가 있다, 코케인에 들어서면 사방에 고독이 넘친다, 자신이 원하는 고독을 언제나 사용할 수 있다, 한마디로 고독의 우아한 사용이 지속가능한 곳이다, 고독의 우아한 사용은 삶의 우아한 사용과도 같은 말이다

고독을 사용하기 위해 코케인에 가고 싶은 오후다

— 원주 버스 터미널 근처의 한 공원에서

앙리 미쇼는 잠시 서울에 왔었나보다, 「서울에서」라는 시가 있다, 조선의 기생이 부르는 비극적이고 아름다운 노래에 대한 격한 감정적 묘사도 있다

세상의 모든 장소는 세상의 모든 이들에게 이국과 타지가 될 수 있다, 내가 요즘 느끼는 감정이다, 시골과 도시, 장소를 불문하고 내가 당도한 곳들이 이국적으로만 느껴진다, 어디를 가나, 어디에 도착하나 이방인으로서의 내가 완성돼가는 까닭이다

정선으로 가는 막차를 기다리는 시간이 너무 길어 터미널 근처를 배회하다 작은 공원을 발견하고 벤치에 앉아 이 글을 쓴다

자크 플로베르는 "절망이 벤치에 앉아 있다"라고 썼지만 지금 이 순간 벤치에 앉아 있는 나는 '절망'은 아니다, 다만 아름답고 신비한 문장을 갈망하는, 미지의 문장을 향해 달려가는 뜀박질 선수 정도라 해두자, 나는 가령 어젯밤 꿈속에서 이런 문장을 썼다

"새들은 뛰어서 허공에 도착한다, 스튜가 끓고 있는 저녁의 불빛은 맛있는 냄새를 풍긴다, 나는 호주머니 속에 냄새 몇 알을 넣고 걷다가 그리움에 감전된 듯 순간적으로 깜짝 놀랐다, 전선을 타고 도착한 광대들의 소식은 나뭇잎처럼 파랗다, 까마귀들은 공중전화 부스를 물고 밤새 하늘로 날아오른다, 나는 파리의 어느 공원 벤치에 앉아 카페에서 흘러나오는 불빛을 하염없이 보고 있다, 잠시 머문 곳의 영원한 밤, 나는 히말라야 산중턱 어느 롯지에 앉아 저물어가는 인간의 마을을 보고 있었는지도 모른다"

스튜가 끓어오르면 냄비 가득 저녁이 온다, 앙리 미쇼는 바다와 사막을 건너 어디론가 사라졌지만 나는 원주 버스 터미널 근처의 어느 공원에서 이 글을 쓴다, 오늘 원주는 나에게 파리이고 이 공원은 튈르리 공원이다, 하지만 이글은

튈르리 공원에 관한 것이 아니고 블로뉴 숲의 육체노동자들에 관한 것도 아니다

그렇다, 이국적인 사색의 노동이고 시인 부서에서 담당하는 일의 일부분이라고만 해두자

새들은 천천히 걸어서 허공에 도착한다

— 패엽경과의 일박, 술의 파토스

사람이든 책이든 경卿의 반열에 오르는 것은 쉽지 않다, 어제는 원주 김도연의 작업실에서 패엽경과 일박을 하고 아침에 생강차로 속을 달랜 후 도연의 차를 타고 이절로 넘어왔다, 올갱이를 삶아서 그걸 술안주 삼아 먹다보면 술에 거나하게 취한다는 도연의 말은 여러 가지를 생각케 한다, 술에 취하는 게 아니고 정감에, 정황에, 이쑤시개나 핀으로 빼먹는 올갱이의 파토스에 취하는 거겠지

술을 마시며 함께 대화하는 이의 정겨움과 살뜰한 마음

에 취하는 것이겠지

그래서 생각하는 건 술동무, 대화 친구는 정말로 잘 선택해야 한다는 것, 그것이 어쩌면 우리 삶의 본질을 이룰 테니까, 어제부터 들었던 김민기의 노래가 여전히 귓가를 맴돈다, 이절의 오후다

사랑은 마치 우레 소리와 같아서

— 천사여, 흐린 날은 고향을 보라

흐린 날에는 더 밝은 생각, 쌀쌀한 날에는 좀 더 따스한 생각을 하기로 한다, 그런 생각만으로도 가슴 한 켠엔 작은 촛불이 켜진다

촛불을 꺼트리지 않으려는 생각, 잠들기 전에 단 한 문장 이라도 쓰려는 생각이 말안장 위에서 여전히 호롱불을 타오 르게 한다

몸은 현재에 있지만, 한참 전의 시간 속에서 나는 많은 시 간을 보낸다, 영화 〈미스 페레그린과 이상한 아이들의 집〉에 나오는 '루프Roof'의 개념처럼 요즘은 내가 선호하는 시간과 공간을 나의 루프로 설정하고 그곳에서 주로 생활을 한다

밤을 꼬박 새우고 아침 일찍 양-조위 군이랑 산책을 다녀 와 커피를 끓이고 이진우 시인이 준 잔에 한 잔 따라 마셨더 니 이제 슬슬 졸음이 쏟아진다, 졸음은 마치 안시성을 포위 했던 당나라 십만 대군이 쏘아 올린 화살처럼 쏟아진다
화살을 다 맞고 나면 잠에서 깨어나지 못하리니 이제는

커튼을 내리고 흐린 날의 따스한 꿈속으로 떠나자

　세상이 흐려도 꿈은 밝으리니 아니 꿈도 없이 나는 속수무책 잠에 빠져들 테니 깨어난 후의 세상이여, 내가 사물의 윤곽을 가늠할 수 있을 정도만 빛을 다오

　— 다음 곡은 1층의 줄리엣이 5층의 크리스토프에게 보내는 데이비드 보위의 <모던 러브>입니다

　늦은 잠에서 깨어나보니 신경림 시인 부고가 떴다, 시인 불멸이라 생각했는데 시인들도 죽긴 죽는구나! 시인은 죽었다지만 대학교를 다니던 80년대에 『농무』를 읽으며 전율했던 나의 기억 속에서 신경림 시인은 여전히 살아 있다

　나이 들어 나이듦을 인식하는 순간 사람은 급격히 늙고 쇠락하고 죽는다, 물리적 죽음이야 모든 인간이 맞이하는 어쩔 수 없는 현상이지만, 인간의 물리적 죽음은 또 다른 삶과 죽음을 전제한다, 죽음 이후에 발생하는 그 또 다른 삶과 죽음은 살아 있는 자들의 기억 속에서 유전되거나 증

발한다

　죽었다는 혹은 아직 살아 있다는 세상의 풍문 같은 건
개의치 않고 오늘밤에도 나와 함께 술잔을 기울이며 대화
를 나누는 친구들이 있다, 빅토르 최, 짐 자무시, 톰 웨이츠,
앙리 미쇼, 아르튀르 랭보, 미셸 투르니에, 레오 까락스, 드니
라방, 데이비드 보위, 이들이 요즘 내가 만나는 친구들이다

　시인은 우주의 생명체가 완전히 사라질 때까지 불멸이다

　오, 이토록 차갑고 따스한 불멸!

　— 사랑은 마치 우레 소리와 같아서

　아침부터 천둥 번개가 치고 우레 소리는 마치 꼼지락거리
는 벌레처럼 허공으로부터 천천히 내려와 지상에 어떤 그리
움을 전해준다

　세상의 모든 것을 봉쇄하고 차단하고, 눈과 귀를 막고 지

내던 터라 김민기 선생의 타계 소식을 이제서야 접했다

얼마 전부터 선생이 아프다는 소식은 듣고 있었으나 막상 타계 소식을 들으니 세상의 지음이 사라진 듯 가슴이 먹먹하다

선생, 아니 칠순의 청년 김민기는 그 특유의 굵은 저음으로 이렇게 말하리라

"사랑은 마치 우레 소리와 같아서 천둥 번개가 치고 한참 뒤에나 온다, 그렇지? 오랑캐 이 강?"

깃털 펜으로 적은 세계

몸므는 말한다

절망에 빠진 사람들은 구석에서 살아가는 법일세, 사랑에 빠진 사람들도 모두 구석에서 살아가지, 책을 읽는 사람도 구석에서 사는 거네

몸므는 말한다

그녀가 아닌 어떤 여인에게서도 나는 더 이상 아무런 기쁨도 느낄 수 없었지, 내게 간절한 것은 그런 기쁨이 아니라 바로 그녀였기 때문이야, 내가 평생을 바쳐 오직 하나의 육체, 내가 늘 꿈꾸던 포옹의 자세를 취한 육체만을 그렸던 건 그 때문일세

몸므는 말한다

이유를 대는 것은 사랑을 황폐하게 만드오, 사랑하는 대상에 어떤 의미를 부여하는 것은 거짓에 불과하지, 인간은 살아 있다는 감각이 절정에 달했을 때의 느낌에만 기뻐하기 때문이라오, 또 다른 삶은 존재하지 않으니까

몸므는 말한다

언젠가 풍경이 나를 통과하겠지

몸므는 말한다

인간의 마음 깊은 곳에는 매혹적인 하룻밤이 있어, 저녁마다 여자들과 남자들은 잠이 들지, 그들은 마치 어둠이 추억이라도 되는 것처럼, 그 밤 속으로 빠져들어

그것은 추억이네(1)

(1) 파스칼 키냐르, 『로마의 테라스』에서 가져와 변용함

키냐르 읽는 새벽이다

언젠가 풍경이 나를 통과하겠지

언젠가 나는 나를 통과하겠지

— 모든 것은 영원했다

우리나라의 소설가 중에 정지돈만큼 '다른 사람 작품을 재구성하여 자기 작품으로 완벽하게 만들기'를 잘하는 소설가를 본 적이 없다, 그것은 또 하나의 능력이고 지적 존재의 자기 투쟁이다

예전에 읽은 『모든 것은 영원했다』의 마지막은 모스크바 8진의 한 사람이었던 한진(한대용)이 그의 아내 '지나이다 이바노브나'에게 보내는 편지로 끝을 맺고 있다

"지나 안녕! 당신은 나에 대해 자세히 써달라고 부탁했소, 여기는 따뜻하다오, 낮에는 덥기도 하고 사람들은 벌써 외투를 벗고 다니고 있소, 그런데 이상하게도, 날씨가 맑아졌다가 아침에 일어나면 다시 비가 내리곤 한다오, 나는 바지가 다 떨어졌소, 신발도 떨어졌고 아마 월급을 받으면 신발도 사고 검정색 바지도 사야겠소

여기서는 사람들이 벌써 텃밭에 야채를 심고 있소, 시장에서는 파를 팔기 시작했소, 친구들은 가끔은 편지를 써서 보낸다오, 당신이 조금만 더 가까이에 있다면 나는 찾아갔

을 것이오, 하지만 괜찮소, 조금만 있으면 우리도 행복하게
살 것이오, 비록 당신과 멀리 떨어져서 살고 있지만 나는 항
상 우리에 대해서 생각하고 있다오, 당신의 사랑을 정말 귀
중하게 여기고 있소, 아들이 무척 보고 싶구려, 몸조심하오,
당신에게 키스를 보내오, 당신의 대용"
　　　—정지돈,『모든 것은 영원했다』

　　한진(한대용)이라는 인물은 매력적이다, 연애지상주의자
같기도, 예술지상주의자 같기도 한 그는, 어쩔 수 없는, 그에
게 주어진 비극적인 삶을 그만의 독특한 방법으로 건너간
다, 그에게서 고독한 예술가의 초상을 본다, 그는 이미 한 편
의 시다, 그러나 그 시를 지은 것은 지나이다 이바노브나다
　　　—박정대,『라흐 뒤 프루콩 드 네주 말하자면 눈송이의
예술』

　　—세상에서 가장 맛있는 책

　　이라는, 띠지를 두르고 번역돼 나온 뮈리엘 바르베리의
『맛』을 읽는다, 1969년 모로코 카사블랑카에서 태어난 바

르베리의 책은 맛있다

특히 처음 시작이 강렬하여 그 뒤로도 쭉 읽힌다

"식탁을 점령할 때 나는 군주였다, 그들의 미래를 좌우할 성찬의 몇 시간 동안 우리는 왕이요 태양이었다, 위대한 요리사라는 희망의 지평선들은 비극처럼 가까이 또는 달콤한 행복처럼 멀리서 빛나고 있었다, 나는 갈채를 받으며, 검투사의 싸움장에 입장하는 집정관처럼 홀에 들어가 잔치의 시작을 명령하곤 했다, 권력의 황홀한 향기에 한 번도 취해보지 못한 사람은 상상하지 못한다, 온몸에 발산되어 몸짓의 조화를 연출하고 내 쾌락의 질서에 복종하지 않는 모든 현실과 모든 피로를 지우는 아드레날린의 이 급작스러운 분출을, 투쟁이 끝나고 승리에 취하여 두려움을 불러일으킬 일만 남았을 때 고삐 풀린 권력의 이 황홀경을"

뮈리엘 바르베리의 『고슴도치의 우아함』은 아직 읽어보지 않았다, 언젠가 읽게 되겠지

내 글에는 거의 음식 이야기가 나오지 않는다, 나는 미식

가가 아닐 뿐더러 살면서 내가 먹었던 음식을 미뢰로 기억할 뿐 품평해본 적이 없기 때문이다, 음식을 품평하고 그걸 글로 쓴다는 것은 대단한 능력이다

나는 그렇게 음식에 무지하지만 감자와 옥수수에 관해서라면 아주 길게 품평할 자신이 있다, 누가 썼더라? 갑자기 『이토록 맛있는 파리』를 읽으며 요리를 하고픈 새벽이다

나는 시도 때도 없이 갑자기 배가 고플 때가 많다, 그러나 할 줄 아는 요리가 거의 없다, 따스한 커피에 옥수수나 하나 먹어야겠다

나의 책은 이 세상에는 없는 맛이다

— 세기의 술꾼이자 난봉꾼 그리고 예술가

많은 사람들이 그를 싫어하지만 또한 적지 않은 사람들이 그를 읽는다
찰스 부코스키, 그는 세기의 술꾼이자 난봉꾼 그리고 예

술가였기 때문이다

자본주의의 최첨단 미국이라는 괴물 같은 나라에서 그는
우편낭을 집어 던지고 그의 방식으로 하나의 삶을 통과했다

군이 혁명을 들먹일 필요는 없겠으나 그는 나라도 아닌,
미국未國이라는 '거대한 비즈니스 집단'에서 "삶과 글쓰기는
온몸으로 밀고 나가는 것이다"라는 말을 실존적으로 실행
했다

그것은 러시아 시인 마야콥스키와는 또 다른 일종의 혁
명이었다
아침부터 억수 같은 비 쏟아지니 술이나 마시며 부코스
키나 들춰볼 시간이다

— 강릉, 모스크바, 정선

오랜만에 틈을 내어 전윤호 시인의 『애완용 고독』을 일독
했다, 산문과 시가 교차적으로 실린 독특하고 아름답고 슬

픈 우화집이다, '우화집'이란 표현이 맞는 걸까? 우화의 정확한 장르적 의미는 알 수 없으나 이 책은 시집에 가깝다, 나는 개인적으로 「강릉여인숙」 같은 작품이 좋았다, 이 책의 제목을 '강릉여인숙'으로 했어도 좋을 거라는 생각을 했다

"그런데 자세히 보니 방들이 조금씩 움직이고 있었다. 마치 부두에 묶어놓은 배들이 흔들리듯이."
　　— 전윤호, 「강릉여인숙」

*

빅토르 최의 1990년 모스크바 공연을 본다, 언제 봐도 좋다, 그는 무대에서 기타 치며 노래할 때 항상 15도 상공을 쳐다보며 노래했다, 허공에서 그가 보았던 것은, 보려 했던 것은 무엇일까? 나는 오늘도 그의 〈꾸꾸슈까〉를 듣는다

"다 쓰이지 않은 노래가 몇 개나 되는가, 말해다오 뻐꾸기야, 노래하라"
　　— 빅토르 최, 〈뻐꾸기〉

＊

혁명적 인간이 시를 쓰고 공연을 한다, 가령 오월의 어느 날 누군가는 출렁거리는 강릉여인숙에 앉아 파도의 시를 쓰고 누군가는 허공을 응시하며 불꽃의 심장으로 시를 노래한다

그리고 누군가는 이 순간 '태양이라 불리는 별'을 바라보며 강릉, 모스크바, 정선의 바람 부는 거리에 있다

― 누군가의 창세기

앞마당에서 일을 하다 우편배달부로부터 소포 하나를 받았다, 포장을 뜯어보니 기림의 사인과 함께 아름다운 시집 한 권이 펼쳐진다, 강정 시집 『웃어라, 용!』

시집은 시인이 창조한 하나의 우주, 신대륙이고 신세계다, 그래서 세상의 모든 시집은 시인이 기록한 창세기로 봐야 한다

시집의 발문을 쓰기 위해 원고를 읽어봤지만 다시 강정의 신세계를 항해해야겠다, 그가 적은 창세기를 다시 읽어봐야 겠다

바람이 불고 날이 화창하다, 누군가의 창세기를 읽기 좋은 날이다

— 라벤더 안개와 깊은 밤 안개 속

2011년 나는 『모든 가능성의 거리』라는 시집을 냈고 그때 밴드 '3호선 버터플라이'의 리더로 활동하던 성기완은 그 시집의 해설 「물질적 황홀 — 한 센티멘털리스트의 여행기」를 썼다, 기완이 〈깊은 밤 안개 속〉이라는 곡을 발표했던 것도 그 무렵이었을 것이다, 그래서인지 시 「라벤더 안개」와 가수 남상아가 부르는 〈깊은 밤 안개 속〉은 상당히 분위기가 비슷하다, 물론 내 개인적인 의견이다, 예술가들은 서로 알게 모르게 영향을 주나보다

3호선 버터플라이의 〈깊은 밤 안개 속〉을 듣다가 갑자기 『모

든 가능성의 거리』에 실린 시 한 편이 문득 떠올라 적어본다

라벤더 안개

라벤더 안개에 가려져 아름다운 짐승이 울고 있다

밤 안개 라벤더 비닐 쓰레기봉투

열등한 건물들을 지우며 눈이 내린다

라벤더 안개 너머 아직 꽃 피지 않은 몸을 스스로 핥으며 연약한
피부가 울고 있다

멈추지 않는 행위들, 상대적 고독이 삶으로 이행하는 시간에도 숨
결은 짐승처럼 격렬하고 체온은 절대성의 공장, 얇은 비닐 쓰레기봉
투 속으로 난폭하게 눈이 내린다

전체와 무한에 관한 열망, 계단을 오르고 내려가는 닳고 닳은 삶

의 시간 속에서 라벤더 안개에 가려진 한 마리 감정이 차가운 말처럼 울고 있다

　비닐 쓰레기봉투 라벤더 안개 밤

　― 음악집 아니 선술집!

　이장욱 시인이 보내온 시집 『음악집』을 다 읽었다, 가령 나는 이런 구절이 좋다

　"나는 마침내 노인이 되어 생각한다, 눈 내리는 밤의 고독한 사람 곁에는 후회가 없을 거라고
　밤하늘처럼/ 기도처럼/ 후회가 없을 거라고"
　― 이장욱, 「농담」

　"여보세요, 여보세요,/ 어디예요?/ 어디요? 어디라고?/ 난 홍대입구역이라니까요,/ 9번 출구 앞에 수평선이 보여요,/ 뜨거운 바람이 불어와요, 마침내/ 캄캄하고 거대한 파도가 밀려오는데/ 여보세요?/ 어디라고요? 어디?/ 당신, 듣고 있어요?"
　― 시인의 말

이장욱의 시는 초지일관 횡설수설과 의미 없는 말들의 나열을 통해 이 세계의 황폐함을 드러낸다

그러나 이장욱의 시 구절에 외려 생의 윤기가 도는 이유는 무엇인가? 파트릭 모디아노가 적어놓은 사적이고 부질없는 대화와 행동의 소설처럼 보편성을 획득하고 있기 때문일 것이다

날이 흐리다, 이런 날은 『음악집』이 아닌 선술집에서 빗방울의 음악 소리 들으며 한잔하고 싶다, 푸른 우산을 쓴 천사가 그립다

— 담배와 함께 오는 것

제영한테서는 한 달에 한 번 지령 같은 소포가 온다, 추운 나라의 스파이에게 전송된 암호문처럼 담배와 함께 오는 것 『네루다의 종소리』, 『시집 밖의 시인들은 얼마나 시답잖은지』, 『빗방울이 마음을 두드리는 저녁』, 『소설 해례본을

찾아서』그리고 주말의 게으른 햇살!

　박제영 시인의 시집 『시집 밖의 시인들은 얼마나 시답잖은지』에는 경상도 싸나이의 말투로 전하는 요런 유쾌하고 발랄한 구절도 있다

　"내가 왜 예수 형님을 존경하는지 아나 예수 형님이 말이다 열두 명밖에 안 되는 애들 데리고 다 깨부셨거든 그것도 맨주먹으로 말이다 연장 들고 쪽수로 덤비는 사두개파와 바리새파 자슥들 이단옆차기로 깨버리고 로마를 접수했잖아 그거뿐이가 베드로라는 꼬붕이 배반했을 때도 괘안타, 니 잘못 아이다, 그랬거든 사내 중에 사내 아이가"

　─「심야식당, 사내들」

　반면, 슬프도록 아름다운 이런 시도 있다

딸아, 가을 숲에 가자꾸나
마침내 충분히 살았다
이윽고 지고 있는 것들 보여주마
물이었으니 물로 돌아가고
흙이었으니 흙으로 돌아가고 있음을

딸아, 가을 숲에 가자꾸나

후툭 후투툭 지국총 지국총 어사와

빗소리, 바람소리, 낙엽소리, 벌레소리, 새소리, 짐승의 울음소리

들려주마 마침내 모든 소리

허니 헤이허 오호호호 오 오행

만가로 화음됨을

모르겠어요 무서워요

가엾은 것 두려워하지 말거라

이것은 숲이 겨울을 준비하고 봄을 맞이하는 즐거운 놀이란다

언제고 아빠도 가을 숲이 될 거야

그러니 딸아,

그때가 되면 슬퍼할 일이 아니라

오늘 이 놀이를 기억해야 할 것이야

즐거운 놀이를

모르겠어요 자꾸 눈물이 나요 이젠 집에 가고 싶어요

― 「즐거운 놀이」 전문

이 시집은 복간 시집이 아니라 마치 신간 시집 같은 느낌

을 준다, 시집 속의 시들이 20년의 시차를 견뎠기 때문이리라, 그대들도 한번 읽어보라는 말이다, 그 말을 이렇게나 중언부언하고 있다

*

『네루다의 종소리』를 읽으며 시인 이숭의 귀환을 직감했다, 이홍섭의 이번 시집에는 유난히 절창이 많다, 나는 누군가의 시집을 읽을 때 다시 읽고 싶은 시의 페이지 모퉁이를 접으며(도그지어Dog's ear) 읽는데 『네루다의 종소리』 1, 2부는 거의 모든 페이지를 접었다, 어떤 시집의 한 페이지만 접혀도 나는 그 시집을 좋은 시집이라 생각한다

유발상좌(머리를 깎지 않고 노스님을 모시는 상좌)로서의 체험이 주를 이룬 3부는 책 모퉁이를 접지 않았다, 설악 무산 조오현 스님과의 애틋한 추억이 녹아 있는 시들은 아름답지만 가슴을 흔들 정도는 아니었기 때문이다

마치 남한에 백석이 다시 살아난 듯 시는 이야기를 품고 있고 시를 이루는 서사는 유장한 가락 속으로 들어가 한

편의 노래가 된다, 오랜만에 시다운 시를 읽는다
　많은 사람이 이 시집을 읽었으면 좋겠다

　— 리스본행 야간열차에 실려 가는 빗방울의 양

　자신의 꿈을 타인에게 맡기는 것은 유일한 외설이다

　기이하게도 그녀는 그가 그녀의 꿈이 아닌 다른 꿈을 꾸
고 있는 꿈을 꾸었다(1)

　(1) 파스칼 키냐르, 『빌라 아말리아』에서 변용함

　탐욕은 돼지의 본질, 그러나 자신의 탐욕으로 남을 해치
는 돼지는 탄핵해야 한다

　발정과 욕망은 다른 것, 선한 욕망이 이루는 무수한 꿈들
을 짓밟으며 오롯이 자신의 발정을 위해 질주하는 무식한
탐욕의 ×들은 거세해야 한다, 탄핵해야 한다
　탄, 핵탄두에 실어 인류의 바깥으로 날려버려야 한다, ×

도 아닌 것이 무언가를 대표하는 이상한 나라에서

　자신의 꿈을 타인에게 맡기는 것은 유일한 외설!

　우리는 외설에 있지 말고 내설에 있어야 한다, 내설악에서
당당하게 바다에 대한 우리의 꿈을 말해야 한다

　말을, 행동해야 한다

　장맛비와 손잡고 끝까지 걸어가야 한다

　장마의 계절이 지나면 모든 것이 썩어갈, 썩을 이 나라에
서 그래도 끝까지 손잡고 『아기 늑대와 걸어가기』(2)

　(2) 이지아의 시집 제목이다

　기이하게도 그는 그녀가 그의 꿈이 아닌 다른 꿈을 꾸고
있는 꿈을 꾸었다

― 유랑하는 기억

　한동안 쓰지 않던 노트에 조금씩 글을 쓰기 시작했다, 그 동안 SNS에 나의 잡다한 생각들을 두서없이 메모했다가 비공개로 돌리곤 했는데 가만 생각해보니 그것도 못할 짓이다, 노트는 2016년 나와 의형제를 맺은 프랑스 시인 알렉시스 베르노가 선물로 주고 간 것

　지금 노트에 메모를 해보니 노트보다 핸드폰이 빠르긴 하다, 각각 장단점이 있으리라

　기억은 유랑한다, 메모해두지 않은 기억들은 더욱 그럴 것이다, 갑자기 예전에 읽었던 올가 토카르추크의 『방랑자들』이 읽고 싶어지는 새벽이다, 책을 어디에 두었는지 기억나지 않는다, 책을 찾아 한참을 유랑할 것 같다

— 깃털 펜으로 적은 세계

내가 죽으면 입맞춤으로 다시 살아나게 해줄래?
— 영화, 〈봄이 사라진 세계〉

이르쿠츠크에서 모스크바로 가는 비행기, 아침 8시에 이르쿠츠크에서 출발하면 정확히 같은 시간, 그러니까 같은 날 오전 8시에 모스크바에 도착한다, 마침 해가 떠오르는 시각이기에 우리는 계속되는 여명 속에서 비행하게 된다, 시베리아 대륙만큼이나 거대하고 고요하며 평화로운 지금의 이 순간이 이어지고 있다

이 순간이야말로 자신의 전생애에 대해 고해 성사를 해야 할 시간이다, 기내에서는 쉼 없이 흐르고 있지만, 그 바깥으로는 절대 흘러가지 않는 시간
— 올가 토카르추크, 『방랑자들』 중 「이르쿠츠크 — 모스크바」

사랑을 하면 왜 살고 싶어지는가? 사랑이 사라지면 왜 삶도 동시에 사라지는가?
— 오랑캐 이 강, 「사랑이 사라진 세계」

— 누런 갱지 위에 쓰는 세계사

눈에 보이는 모든 물체는 에너지 파동의 묶음일 뿐이다. 그 묶음이 풀리면 더 이상 형태를 이루지 못하고 기화되어 우주의 심연 속으로 흩어진다. 모든 물체의 비실체성은 여기에 기인한다. 그러니까 우리 눈앞에 놓여 있는 이 세계는 일시적이며 실체가 없는 것이다

그러니까 이 세계는 글이 쓰인 종이 위에서만 잠시 존재할 뿐 쉽게 흩어지고 사라지는 것이다

여기에서부터 세상의 모든 글쓰기는 시작된다

드러냄과 감춤

― 헛간, 세계의 뒷면

세계의 앞면을 모르니 세계의 뒷면을 짐작할 수 없다, 세계의 뒷면에 추억의 헛간 같은 창고 하나를 짓고 있다, 창고에 모아둘 시간은 어떤 형태를 띨까?

이 세계에 속하지 않는다고 줄곧 말하면서도 이 세계의 여러 측면을 골고루 살핀다, 준동하는 시간의 물결 속에서 어쩌면 이 세계와 무수히 타협했는지도 모른다

결단코 나는 이 세계에 속하지 않겠다, 라는 결심과 물리적으로 이 세계에 걸쳐진 상황이 나를 만들어간다, 여름과 가을에 어중간하게 걸친 계절이 또한 나의 옷매무새를 만들고 내 영혼을 빚는다

인간이거나 인간이 아니거나, 나는 모든 사람들을 그렇게 구분해왔다, 그러나 이러한 나의 구분 자체가 어불성설임을 안다, 다만 내가 좋아하는 인류와 그렇지 않은, 나와 무관한 인류가 지구에 존재할 뿐이다

고독을 헛간에 모아두자, 세계의 뒷면에 짓는 헛간에는 고독의 알곡들을 넣어두자, 말의 허방에 한방 먹이자, 헛간이라니! 허드레 것들을 쌓아두는 곳이라니! 허드레 것들은 아예 버릴 것!

세계의 뒷면에 창고 하나를 만들자, 창을 내고 고독을 저
장하자, 인류와 멀어지자, 창을 통해 고독의 숲을 바라보며
삼삼한 고독 일기를 적자

— 밤의 카페

불빛이 불빛처럼 피어나는 한적한 시골 마을의 밤, 그런
마을에 생의 아지트 같은 밤의 카페가 있으면 좋겠다
사람들이 작업복을 벗어 의자에 걸어두고 한 잔의 술과
농담으로 지친 하루를 달래는 곳
낮과는 다른 삶을 시작하는 곳
떠벌이 예술가들은 자신도 모르는 예술에 대해 떠들 테
고 넥타이를 푼 사무원들은 술에 취해 꿈에서도 상사를 욕
할 테지만
모두가 바라보는 대낮의 삶은 삶이 아닐 테니, 적당히 취해
담배 한 대 꼬나물고 몽롱하게 자신의 꿈을 꿈꿀 수 있는 곳
시골 마을에도 그런 밤의 카페가 하나 있으면 좋겠다
비 오는 밤이면 턴테이블의 음악을 끄고 빗방울 소리를
하염없이 듣는 곳

― 춘의春衣, 지상의 방 한 칸

춘의에 갔었네, 춘의는 아들이 다니는 회사가 있는 곳, 가객 새드앙의 복층 원룸이 있는 곳, 10월 1일은 아들 새드앙의 독립기념일, 31년 독립 전쟁에서 드디어 새드앙이 승리한 날

부천 조마루 감자탕 본점에서 아들과 저녁을 먹는다

아무리 독립을 선언해도 너는 나의 아름다운 식민지 그러나 이제 너는 신생 독립공화국임을 선포하는구나

새드앙, 봄옷처럼 가난하여 드높고 맑은 동네에 왔으니 네 꿈은 맑고 가난하여 무한을 향해 가라, 너는 천천히 걸어 너만의 지상의 방 한 칸에 당도하라!

― 육체쇼와 전집

지난겨울 자작나무 가지에 작고 검은 새 한 마리 날아와 사나흘을 울었다, 자작나무의 이름은 빅토르 최

새에게 말을 걸고 싶었으나 내가 말을 걸면 날아갈세라, 창문을 열지 않고 끝내 바라보기만 하였다

그러던 어느 날부터 새는 보이지 않았다, 나도 더 이상 창 밖을 바라보지 않았고 그 새를 잊었다

그 사이에 몇 번의 계절풍이 불고 구름들은 몸을 뒤척이며 흘러갔다

새는 어디로 갔을까 궁금했지만, 열어둔 창틈으로 불어오는 바람에게도 새의 안부를 물어보지 않았다

자작나무의 어깨가 쓸쓸해 보였지만 자작나무는 원래 창백하고 쓸쓸한 나무려니 생각했다

그리고 오늘 나는 보았다

허공의 영토를 지나와 자작나무 어깨 위에 사나흘 머물렀던 새 한 마리, 마당 한 모퉁이에 불멸의 자세로 누워 있는 것을

내가 말을 걸어주지 않았으므로, 고독의 자세로 누워 더 이상 울지 않는 새 한 마리를!

* 죽은 새가 생각날 때면 뒤늦게나마 그 새에게 이름을 붙여주고 싶었다, 나는 이제 그 새를 떠올릴 때마다 속으로 중얼거린다, 시코쿠, 병승, 빅토르, 뭐라 불렸든 작고 단단했던 검은 새 한 마리여, 안녕

세상은 여전히 한 마리 『육체쇼와 전집』처럼 펼쳐져 있다, 바람이 불 때마다 펄럭인다, 하염없다

— 건축의 감정

천 개의 고원에 천 개의 가을이 와서 천 개의 고원은 가을가을하다, 누군가는 허공을 바라보며 구름의 문장을 읽고, 누군가는 지상의 낡은 의자에 앉아 속수무책을 읽는다

하늘은 맑고 말은 살찌니 살찐 말들을 데불고 고요히 산책이라도 나갈 일이다, 산책 너머엔 목책, 목책 너머엔 청춘의 가녀린 눈발 여전히 휘날리느니 열렬은 장엄, 장엄은 격렬하구나

열혈남녀는 끝내 신인류로 남으리니, 감정의 무한이 부르는 바람의 노래, 나뭇잎의 휘파람 소리, 사랑은 푸른 가슴에서 자라나 촐랑촐랑 맑게 흘러가리니

그대 눈동자 속 남아 있는 물이 여전히 내 가슴으로 흐르는 여기는 천 개의 고원, 천 개의 열망

천 개의 고원에 천 개의 가을이 와서 천 개의 고원은 드디어 천천히 이륙 중이다

— **책방 뒤 체** Librairie du che

'du che'라는 말은 어쩌면 의미도 없고, 문법적으로도 틀린 말일지도 모른다, 외려 'de che'라는 표현이 우리말 '체의'라는 표현에 더 맞을 것이다

그러거나 말거나, 나는 'de che'라는 말보다 'du che'라는 말이 훨씬 마음에 든다, 그 이유는 나도 잘 모르지만 아마도 시니피에보다는 시니피앙에 예민한 나의 무의식에서 비롯됐을 터, 그런데 가만히 생각해보면 시인들이 언제 이 세계의 문법을 따랐던가? 시인은 이 세계의 문법을 벗어나려는 자, 자기만의 언어와 문법을 새로 만드는 자 아니었던가?

뒤뜰에 짓고 있는 창고형 방을 '책방 뒤 체'라 부르려 한다, 책방 뒤 체에는 작은 탁자 하나와 의자 두 개, 기타 한 대가 놓일 것이다, 책꽂이에는 각종 술들이 가득찰 것이다, 친구가 찾아오면 우리는 책방 뒤 체에서 밤새 술을 마시며 노래 부를 것이다, 아침이니 출근이니 하는 것들은 생각하지 않을 것이다

〈책방 뒤 체〉에는 어떤 책들이 있냐구요? 글쎄요, 세상 모든 사람들이 아는 아름답고 낭만적인 책 그러나 아무도 읽으려고 하지 않는 책

열렬한 고독의 속수무책!

— 미완의 창고에서 미완의 글쓰기

미완의 창고에 앉아 커피를 마시고 숲을 바라보고 흘러가는 강물 소리를 듣는다, 이제사 알겠다, 모든 게 미완이라서 아름다웠던 게다

글도 마찬가지, 완성된 것들은 나를 떠나가리니 끝까지 미완의 글을 써야 하리, 세상의 독자들이 읽고 완성하는 글, 끝내 창고 유리창에 와서 가득 고인 풍경을 글로 완성하지 말아야 하리

아침 안개가 걷히면 오늘은 맑겠다

— 체 게바라 만세

2014년 실천문학사에서 출간되고 2023년 달아실출판사에서 복간된 시집 『체 게바라 만세』가 양은미와 제이크 레빈의 공동 번역으로 미국 'Blue Ocean' 출판사에서 출간된다, 정확한 출간 시점은 모르겠으나 아마 조만간 출간될 것 같다, 어제는 블루오션 출판사로부터 a4 네 장 분량의 질문지가 날아와 구글 번역기를 돌려가며 질문에 대답하느라

진땀을 뺐다

강정 시인이 해설을 쓰고 리산 시인이 표4를 쓴 시집, 그래서 나는 '시인의 말'에 이렇게 썼다, "이 시집은 인터내셔널 포에트리 급진 오랑캐 밴드의 실황 공연이다/ 혁명적 인간이 시를 쓰고 공연을 한다", 세계 최초의 문자 공연을 염두에 두고 한 말이다

2018년 무렵인가? 스웨덴 스톡홀름 국제 시 페스티벌에 한국 대표로 초청돼 갔을 때 무대 위에서 나는 관객들을 향해 이런 농담을 했다, "조만간 스톡홀름에 다시 올 것이다, 그때는 아마 시를 낭송하기 위한 것이 아니라 노벨문학상 수상 연설을 하기 위하여 올 것이다"(관객들 박수치며 웃음, 나도 멋쩍어 피식 웃음, 영어로 번역된 시집이 단 한 권도 없는데 도대체 뭘 믿고 이런 말을 한 걸까?)

오랑캐니까! 가능했을 것이다, 무대의 사회자가 '인터내셔널 포에트리 급진 오랑캐 밴드'를 '인터내셔널 포에트리 래디컬 바바리언 밴드'라고 소개했을 때, 나는 무대 위에 올라 바로 수정했다, '래디컬 바바리언 밴드'가 아니라 '래디컬 오랑캐Orangke 밴드'라고!

『체 게바라 만세』는 참 사연이 많은 시집이다, 신동옥 시인의 결혼 피로연에서 당시 실천문학사 사장이었던 손택수

시인에게 3만 원의 계약금을 받고 출간한 시집이다, 원래는 문학동네에서 출간할 시집이었지만 실천문학사에서 출간된 것이다, 문학동네에서 뭔가 착오가 있었고『체 게바라 만세』출간 이후 문학동네로부터 다시 연락을 받은 나는 한 달 만에『그녀에서 영원까지』를 새로 써서 문학동네에 넘겼다, 3만 원의 계약금을 받고 출간된『체 게바라 만세』는 그해 대산문학상을 수상했다

『체 게바라 만세』는 박근혜 정부 시절 한강의『소년이 온다』와 더불어 문화계 블랙리스트에 올랐다, 그 후 모든 문학적 지원 대상에서 제외됐다, 당시 문화예술계 공무원들의 무지가 만든 슬픈 현실이었다, 그들은 제목만 보고 지레 겁을 먹었던 것이다, 이토록 아름답고 섬세하며 재기발랄한(?) 시집을 정권을 붕괴시킬 폭탄으로 본 것이다

세상이 참 많이 변했다, 그러나 좋은 것이든 나쁜 것이든 변하지 않는 것들도 많다

나는 강정 시인의 시집『웃어라, 용!』이 올해 대산문학상 최종 후보에 오른 것을 보고 강정 시인이 그 상을 받았으면 하고 속으로 기원했다, 그런데 여태 소식이 없는 걸 보니 다른 누군가 받았나보다, 누가 받았는지는 별 관심 없다, 마지막으로 이 말을 덧붙인다

"시인은, 그 존재만으로도 이미 충분하다
시인의 이름은 모두 다르며 모든 시인의 이름은 결국 하나다"

— 짐 자무시 창고

드러냄과 감춤은 인간의 본질적인 욕망이다, 드러냄으로써 이해받고자 하고 감춤으로써 자신의 불행을 축소하려한다, 얼마나 더 드러내야 인간은 이해받을 수 있는가? 얼마나 더 감춰야 인간의 불행은 사라지는가?

진지하지 않은 영역에 진지하고 무거운 외투를 입고 나타난 짐 자무시와 몇몇 친구들의 경우는 예외다, 누구의 눈치도 보지 않는 그들만의 드러냄과 감춤, 사물의 확대와 축소를 통한 표현과 생각의 전개는 그들을 '단순함의 미학'이라는 예술의 본질에 좀 더 근접하게 했다

사물의 본질에서 좀 더 비껴나 있길 바라는 게, 사소한수다로 핵심을 채우고 예술가 자신은 마치 예술 따위에 무신경하고 아무렇지도 않은 듯, 표표히 예술 현장에서 사라지는 게 현대 예술의 유행이 돼버렸다

드러냄과 감춤 사이에서, 외부와 내면 사이에서, 허무와 공허와 성취 사이에서 예술가는 고독하게 자기만의 아슬아슬한 줄타기를 한다, 그것은 생의 고독이며 예술가를 움직이는 기본 동력이기도 하다

드러내려고도 감추려고도 하지 않는 어느 아름답고 단순한 영혼을 만난다

짐 자무시 창고에서

— 백 년 동안의 창고

완성되지 않은 창고로도 가을은 왔다, 완성되지 않을 창고이기에 창문을 통해 가을은 온다, 가을이 와서 뭘 어쩌겠다는 것도 아닌데 가을은 가을가을 아슬하게 온다, 붉게 물들어가는 뺑대 아래로 가을은 와서 네 삶은 어디에 있냐고 자꾸만 묻는다, 나는 대답하지 않는다, 다만 백 년 동안 창고에 앉아 너를 보았노라고, 붉게 물들어가는 네 속삭임을 들었노라고

— 음악은 기껏해야 먼지들의 마찰음이다, 그러나 아름답다

오랜만에 턴테이블에 판을 걸고 갱스부르를 듣는다, 세르주 갱스부르 혹은 스스로를 가끔은 갱스바르라 부르던 사내

레코드판에 쌓인 먼지와 바늘의 접촉에 의해 일어나는 지직거리는 소리는 내가 좋아하는 몇 안 되는 기계음 중 하나이다, 그것은 원래 녹음된 소리가 아니고 레코드 제작자의 의도를 벗어난 우연의 음악이다

나는 가끔 우연의 음악을 듣기 위해 턴테이블에 레코드판을 올려놓고 듣는다, 마치 지구가 자전하듯 레코드판은 시계 방향으로 돌아가며 시간의 반대편에 놓인 어떤 소리의 추억을 호출한다, 아니 그것은 추억의 호출이 아니라 먼지 쌓인 현재의 재생이다

⟨마농⟩과 ⟨이니셜 B.B.⟩를 듣는다, 레코드 한 면의 세계가 끝났다, 판을 뒤집어야겠다

— 슈바빙의 개들

비 내리는 뮌헨은 어둡고 추웠습니다, 비 내리는 세계의

뒷골목 같은 뮌헨에서 어느 날은 교외선을 타고 커다란 호수가 있는 곳까지 가보기도 하고, 시내 가전제품을 파는 가게에 들러 커피포트를 사기도 했지요, 여름인데도 사내들은 두꺼운 가죽점퍼를 입고 돌아다녔지요, 다른 유럽인들에 비해 독일인들은 왜 그리 촌스러운지요, 그건 방금 제가 런던과 파리를 지나 뮌헨에 도착한 탓도 있겠지만 이곳 사람들은 마치 생존 외에는 그 어떤 멋도 부리지 않기로 작정한 듯 촌스러움의 극치를 보여줍니다, 그 촌스러움을 달리 표현하자면 게르만의 순박함과 단순함으로 볼 수도 있겠지요

베를린이 서울을 모방하고 서울이 파리를, 파리가 뉴욕을 다시 모방하는 이 시대에 한 도시의 촌스러움은 제게 어떤 아득한 향수를 불러일으키더군요, 그래서 어느 날은 세계에서 가장 큰 맥줏집이라는 곳에서 맥주를 마셔보기도 했지만 독일 맥주에서는 소시지 냄새만 났을 뿐 뭐 특별한 풍미를 느낄 순 없었지요, 그래서 그녀를 찾아갔던 것은 아니었어요, 난 그녀를 잘 알지도 못했고 별로 알고 싶지도 않았으니까요, 먼 곳에 대한 그리움(페른베흐!) 같은 거야 누구에게나 있는 것이니까요

슈바빙에도 여전히 비는 내리고 있었구요, 비 내리는 슈바빙은 1980년대의 혜화동 같았어요, 어느 꽃집에 들러 작은

화분을 하나 사고 그녀가 자주 갔을 만한 카페에 들어갔지요, 아무리 기다려도 그녀는 나타나지 않았지요, 그래요, 나는 처음부터 그녀를 만나기 위해 그곳에 간 것이 아닌지도 몰라요, 레코드판의 음악을 듣다보면 어느 지점인가, 바늘이 걸려(흔히 판이 튄다, 라고 하죠) 똑같은 음악이 무수히 반복되는 것처럼, 추억의 어떤 지점에 나를 놓아두고 무수히 나를 반복시키고 싶었는지도 몰라요

세계가 어두운데 지금 뮌헨의 슈바빙에는 여전히 비가 내리고 있을까요? 길 잃은, 비에 젖은 개들이 돌아다니던 뮌헨의 뒷골목이 생각나요, 거리를 고아처럼 떠돌던 개들이 이제는 따스한 어느 처마 밑에 당도했기를 기원해보는 어느 흐린 아침입니다

— 세계의 우체국, 오부아 코뮈나르

지도 한 장이 있다
낡고 오래된 지도 위로 더 낡고 오래된 길들이 표시돼 있다
그 길들 속 골목을 따라 들어가면
푸른 연기 피어오르는 더 더 낡고 오래된 선술집

더 더 더 오래전 우리는 그 낡고 오래된 선술집에 앉아 술을 마신 적이 있다

선술집인데 왜 다들 앉아서 술을 마시는지 도무지 알 수는 없었지만, 아무튼 마셨다

연인들은 오래 서로의 눈동자를 바라보거나 가끔씩 서로의 심장을 맞댔지만 연인이 아닌 자들은 화장실을 들락거리거나 자주 담배를 피웠다

바람이 지나가는 길을 그린 지도 한 장이 있다

숲으로, 강으로, 호수로

세 개의 바람이 지나가는, 그런, 세계의 지도

지도 한 장이 있다

바람 불고 흐린 날, 제3신분은 누구인가?

1871년 포부르 생탕투안에서 우리는 세계의 의문을 풀기 위해 펄럭이던 낡고 오래된 한 장의 지도였다

세계의 우체국에서 벌어지는 세 개의 일들

당신들과는 별 상관없는 낡고 오래된 이야기

— 멍청한 은둔자

어니스트, 헤밍웨이는 정직하지 못하게 파리로 숨고 파리
는 경마장으로 경마장은 신문 속으로 숨어버린다
숨어버린 파리의 경마장 속에는 진흙탕을 달리는 말들이
있고 말들은 달려서 달력 속으로 숨어버린다
숨은 자들의 세계, 확장되고 확장되어 우주의 먼지 속에
갇힌 푸른 비밀들
푸른 비밀들이 떠도는 공기 속에는 확장된 말의 세계가
있고 무변광대하게 펼쳐진 은둔자의 세계가 있다
희고 푸른 안나푸르나의 산기슭에서 자동기술로 타전돼
오는 눈발의 암호문
스파이들은 늘 추운 나라에서 와야 하지만 추운 나라의
남쪽에는 더 많은 스파이들이 살고
남쪽보다 더 많은 세계의 북쪽에는 눈발보다 더 많은 은
둔자들이 있다
마치 은둔을 공표한 우둔하고 멍청한 가을 단풍처럼!

— 1744, 어떤 저항의 멜랑콜리

바람이 불고 네바 강은 흐르고 불빛들은 물결 위에 부표처럼 떠 있다

굴절된 기억처럼 저녁이 오면 누군가 부둣가 식당에서 국수를 먹고 오래도록 담배를 피우는 곳

물고기들은 배들의 선수를 거슬러 나루터 잔교로 몰려들고 상심한 기억의 파편들 별빛으로 빛나는 곳

나는 죽고 너는 가리니, 바람이 불고 네바 강이 흐르는 곳

하나의 세계가 죽고 하나의 세계가 다시 살아나 버드나무처럼 자라나는 곳

푸른 물결 위에 떠도는 음표들, 불빛들, 너는 죽고 나는 가리니, 우리는 끝내 만나리

상트페테르부르크, 중국식당, 심연이 흐르는 곳, 빅토르 최가 태어난 곳

하루 종일 바람이 불고 비가 내리는 곳, 누군가 술을 마시며 죽어가는 곳

여기는 1744, 어떤 저항의 멜랑콜리

─ 여기나 거기나

담배가 다 떨어졌는데, 뻐꾸기, 여우참새, 친구들, 다 떨어
졌는데
술이 다 떨어졌는데, 올리브유, 달걀, 빵집, 고독이 다 떨어
졌는데
식량이 다 떨어졌는데, 커피, 눈물, 배고픔마저 다 떨어졌
는데
빅토르 최, 당나귀, 우편배달부
꾸꾸슈까는 꾸꾸슈까 울고 뻐꾸기는 뻐꾹뻐꾹 울겠지만
여기나 거기나, 그는 끝내 울지 않는다

─ 한밤의 우울

그는 파리의 우울을 말했지만 그건 사실 잔느 뒤발의 것,
세상을 떠돌던 개들은 검은 숲을 비추는 달빛 아래로 와
낙엽을 덮고 순한 늑대처럼 잠든다
잠든 것들의 고요한 꿈 곁에 한밤의 우울이 밝혀 둔 등
불 하나, 여기는 파리로부터 먼 파리, 고독으로부터 먼 고독

누군가 사랑을 말하지만 입술이 없고 심장이 없다
누군가는 사랑을 듣지만 귀가 없고 체온이 없다
여기는 산 자들의 공동묘지 아름다운 유령조차 없는 곳

— 뒤 체du che, 글쓰기, 영원

앞마당은 양-조위 군에게 물려주고 뒤 체로 물러난다, 체의 이름을 빌렸건만 뒤 체에는 체의 초상도 그에 관한 책 한 권도 없다, 나 스스로 체가 되는 곳

글을 쓰기 위하여 세상을 떠돌았건만 그건 단순히 글을 쓰기 위함이 아니었다, 어쩌면 단 하나의 사랑!

그러나 어쩌랴, 나는 여전히 사랑이 뭔지 모른다

"분노하라, 분노하라, 빛의 죽음에 맞서서"라고 딜런 토마스는 말하지만 세상의 모든 빛이 끝나고 나 스스로 빛이 되어야 하는 곳

빛 속에서 산과 나무와 구름을 바라본다

한때 소위 영원이라 불리던 것, 그것들도 물끄러미 나를 바라본다

모든 것은 영원하다, 영원의 일부로써 영원하다

수많은 단절로 이루어진 사물의 연속성 그곳에 나는 하나의 영원으로 당도해 있다

불을 피우고 글을 써야 하리

겨울이 오고 있으니 눈송이들과의 대화도 준비해야 하리

— 저녁, 완전한 어둠 속에서

이절의 어둠은 11월 스톡홀름의 어둠보다 더 깊습니다

어둠은 마치 딱딱한 원석의 석탄처럼 창문 밖에 쌓여 있습니다, 침묵이 물질의 형태를 지닌다면 아마 저와 같을 것입니다

창문에 일부러 커튼을 달지 않았습니다, 저녁이면 이 작은 방에서 새어나가는 불빛이 간혹 눈먼 짐승들의 희미한 길잡이 역할을 하리라는 어리석은, 애처로운 생각 때문입니다

세상과 등을 지고 앉아 어둠을 망연히 바라보면, 그 어둠 속에는 또 다른 내가 있습니다, 완전한 어둠이 내 자신을 비추는 또 하나의 거울입니다

그리움도 다 떨어질 무렵, 세상의 첫눈이 저 어둠을 뚫고 내리겠지요, 그런 마음에, 어서 추워져라, 어서 추워져라, 속

으로 되뇌어보는 완전한 어둠의 저녁입니다

— 리스본행 야간열차라 생각하는 순간 이 공간은 덜컹거리는 소리를 내며 리스본으로 달려간다

가스통 바슐라르도 공간의 미학도 잘 모르지만 녹색 의자에 앉아 물끄러미 방을 바라보고 있노라니 마치 이 공간이 열차의 객석처럼 느껴진다, 거대한 밤의 어둠을 가르며 어디론가 달려가는 야간열차

야간열차의 행선지는 리스본, 파리, 프라하, 브라티슬라바, 이르쿠츠크, 블라디보스토크, 청진, 함흥, 속초 그 어디일 수도 있지만 오늘밤에는 리스본행 야간열차라 생각하자

리스본에는 옛사랑의 종소리 여전히 울리고 갈매기들은 종소리를 물고 낡고 후미진 대서양 선술집으로 날아드느니

— 프렌치라는 말의 정겨움

나는 왜 프렌치라는 말에서 정겨움을 느끼는가? 프렌치

레스토랑, 프렌치 수프, 프렌치 키스

프랑스라는 나라는 골족에서 시작된 유럽의 변방 부족국가였다, 그러니 알고 보면 서융 골족이 점차 포용과 관용으로(그렇지 않은 면도 있을 것이다) 세력을 확대하며 오늘날의 프랑스 공화국을 이루었을 것이다

예술이 정치를 끌고 나가는 나라, 다수의 민주주의도 존중하지만 소수의 개성과 자유를 더 존중하는 나라, 파리에 처음 막 도착했을 때 내가 느꼈던 것은 경이로움이 아니라 귀향의 감정이었다

오늘밤은 낡고 오래된 프렌치 레스토랑에서 프렌치 와인에 프렌치 수프를 곁들여 먹고 사랑하는 이와 프렌치 키스를 나누고 싶은 참으로 프렌치한 밤이다

— 골방, 골초, 골족의 미학

밤이면 고라니들의 외마디 비명 소리가 들린다, 고라니 소리에 놀라 더 빨리 흘러가는 강물 소리도 들린다, 물론 담배 연기 때문에 창문을 열었을 때만 그렇다

골방에서 골초는 커피를 마실 때마다 담배를 피워 문다,

그러다 골로 간다고 말하는 사람들이 많다, 괜찮다, 다 골족의 미학이다

글을 위해서 혹은 글을 핑계로 몸을 상하게 하는 것은 시인의 특권이다, 그런 게 특권이라니! 시인도 참 별난 종족이다, 그 특권을 너무 누리다 일찍 골로 간 시인들도 참 많다, 골족이 다 그러하다

세상의 잣대로 예술가를 평가하려는 이 어마무시한 시대에 예술가들은 평가에서 벗어나 있다, 예술가들은 자기 스스로도 자신을 평가하지 않는다, 그럴 시간이면 술을 마시고 담배를 피운다, 한마디로 정신 나간 사람들이다, 난 그런 사람들이 좋다, 다 미친 골족의 전통이다

한 줄의 문장을 얻기 위하여, 한 점의 그림, 한 소절의 악보를 얻기 위하여 제대로 미친 사람들이 있다, 그들의 미침이 인류의 영혼을 구원한다(영혼이라는 게 있다면!)

김춘수 시인은 『들림, 도스토옙스키』라는 시집을 썼지만 나는 '들림, 양-조위 군'이라고 쓴다

야밤에 개가 짖는 건 어떤 형태로든 자신의 외로움을 표현하는 것이다

낮에 자고 밤에 깨어 있는 견공 조위는 역시 골족 출신이다

— 셰익스피어는 결코 그러지 않았겠지

가엾은 찰스 부코스키! 그대는 우편낭을 벗어던진 유쾌한 고주망태, 망태기 속에 든 고독을 하늘의 별처럼 흩뿌리며 다니던 떠돌이!
그러나 한평생 술을 마시며 생을 횡단할 수 있는 자는 얼마나 용기 있는 자인가?
윌리엄 버로스, 잭 케루악, 앨런 긴즈버그도 결코 그러지 못했을 것이다!
셰익스피어는 결코 그러지 않았겠지!
런던 셰익스피어 대극장은 불타고 망했지만 고향 스트랫퍼드 어폰 에이번엔 여전히 대저택을 지니고 있었으니

— 다락방 책꽂이 놀이

다락방 바닥에 앉아 책꽂이를 보다보면 예전엔 심드렁하게 대했던 책이 다시 눈에 들어온다, 뭐 그렇다고 대단한 책은 아닌데 이상하게 자꾸만 다시 읽고 싶은 충동을 느낀다, 다락방(골방을 내 맘대로 다락방이라 부른다)에 책을 옮길

때 아직 거실 책장에 자리 잡지 못한 책들을 마구잡이로 다락방으로 옮겨왔더니 생긴 현상이다

오늘은 이런 책이 눈에 띈다, 피에르 르메트르의 『이렌』, 『알렉스』, 세라 워터스의 『나이트 워치』, 장 필립 투생의 『망설임』, 모두 소설이다

적막한 밤을 건너가기엔 소설이 제격이다, 시집은 더 말할 나위 없고!

— 류이치 사카모토, 코다, 여인의 초상

일본 문화에 대한 전반적인 거부감이 있지만(한국 사람이 대부분 그러하듯, 그냥 자연발생적 거부감이다) 류이치 사카모토가 죽기 직전의 모습을 담은 영화 〈코다〉는 유난히 좋다

특히 류이치 사카모토는 어떤 인터뷰에서 한국 배우 김태리의 팬임을 고백한 바 있는데 그 인터뷰를 보면서 나는 사카모토와 어떤 동질감을 느꼈다

특히 영화 〈코다〉의 포스터는 내가 가장 아끼는 영화 포스터 가운데 하나이다, 포스터에서 녹색과 붉은색이 섞인

여인의 초상은 류이치 사카모토의 작업실 벽에 붙어 있었던 것으로 기억한다

이 여인의 초상은 묘한 감정을 불러일으킨다, 그 감정은 내가 생각하는 예술의 본질에 맞닿아 있다, 오래 고민하다 다락방 책상머리맡에 여인의 초상을 붙였다, 류이치 사카모토의 피아노 소리가 들려온다

하긴 자정을 지난 시간에 들려오는 모든 소리는 음악이다, 장엄한 고독의 음악!

— 카페 드 레포크

『이토록 맛있는 파리』를 읽다보면 프랑스 시인 네르발이 생을 마감하기 직전 마지막 커피 한 잔을 마셨다고 전해지는 곳, 카페 드 레포크에 관한 짤막한 소개가 나온다

카페 드 레포크에 가면 생의 마지막 커피를 마실 수 있을까?

생의 마지막 커피를 마시는 사람은 무슨 생각을 할까?

마지막이라고 생각하는 커피까지 다 마셨는데 도무지 밤은 길고 도대체 생은 끝나지 않는다

— 눈이 내리면

눈이 내린다고 말하겠지, 눈에 젖어 멀리 가지 못하는 말들
말안장에 등불을 밝히고, "여기는 따스해, 나는 안녕해"
말하겠지, 눈발을 뚫고 나가는 말들이 밤새 나아가야 얼마
를 더 갈 수 있겠니?
눈이 내리면 갈맷빛 풀들도 시들어 뒷숲으로 가는 오솔
길은 한숨 같은 흰 눈에 묻힐 텐데
입김을 호호 불며
호주머니에 발을 넣고 날아가는 새들
눈이 내리면
눈이 내린다고 말하겠지, 무슨 말을 더 할 수 있겠니?

— 북방 오랑캐 전설

북방 오랑캐들은 추위를 좋아한다, 눈발을 헤치며 말을 달
리고 활을 쏘던 자들이라 바람 막을 천막 하나만 있으면 모
닥불을 피우고 밤새 벗들과 술을 마시며 추운 밤을 건너간다
일찍이 동북면 여진족 오랑캐 함타이치라 불리는 함성호

시인은 눈이 펑펑 내리는 코케인 앞에서 술에 취해 이렇게 말했다, "이건 뭐, 추위도 아니지! 오랑캐들에겐 영하 40도쯤이 적정 기온이지, 고롬!"

과장은 설레발처럼 설마처럼 온다, 그렇게 와서 하나의 전설이 된다, 서울에서 함께 술 마시던 벗들이 보고 싶은데 그립지는 않다, 이상하다, 이상하다는 건 뭘까?

시인 이상은 이상한 종족이었다, 어두워진다, 뜨끈한 술이나 한잔 마셔야겠다

— 그녀에게

하루 종일 눈 내린다
첫눈 내린다, 보라는 듯 내리는 세상의 모든 눈은 첫눈
하루 종일 눈을 바라보다가 음악을 듣다가 그녀를 생각하며 담배를 피웠다
김수영의 말마따나 혁명은 안 되고 방만 바꾸었지만 방을 바꾸어도 세상의 모든 방은 미완, 세상의 모든 혁명도 첫 혁명일 뿐이어서 세상의 모든 혁명은 미완
하루 종일 내리는 눈은 나를 바라보고 나는 내리는 눈을

바라보며 음악을 듣다가, 나는 문득 서러웁다

　　— 폭풍한설 지나면

　눈이 내린다 고요하고 격렬하게 난로 위에선 물이 끓는데 창밖으론 아직 물이 되지 않은 눈발 발이 꽁꽁 언 흰 새들처럼 날개를 파닥이며 떼 지어 몰려온다 폭풍한설의 날들 펑펑펑 눈이 내리는 날엔 폭풍은 잠들고 한설만 남아 한설 두설 세설 폭설 되어 쏟아지는데 방 안엔 아직 고독이 되지 않은 말 그녀 곁에 슬프게 앉아 있을 때 눈은 어디론가 달려가는 한 마리 말 외로운 불꽃, 무수한 망설임 허공을 떠도는 뜨거운 잠열潛熱 폭풍한설 지나면 누군가 편지를 쓰겠지 그럼 이만 총총 별이 뜨겠지 사량思量은 많고 사랑은 멀어

　　— 겨울 숲을 바라보며

　날짐승, 들짐승들은 대부분 동면에 들거나, 추위를 대비해 동굴 같은 은거지로 칩거했을 것이다, 오직 인간들만이 추

운 거리를 활보한다

하루 종일 녹색 의자에 앉아 겨울 숲을 가만히 바라보고 있다

시도 때도 없이 흩날리는 눈발, 바야흐로 눈송이 낚시의 계절이건만 생각을 멈추고, 따스한 난로 곁에 앉아 망연히 저물어가는 겨울 숲을 듣는다

산다는 것은 하나의 추억을 완성하기 위하여 집요하게 애쓰는 것, 파트릭 모디아노의 말은 어쩌면 나하고는 어울리지 않는다

장드파의 말이 요즘 나에게 더 친숙하게 다가온다

'음악이 있거나 고독하거나,

산다는 것은 자기만의 방에서 고요히 담배나 한 대 말아 피우는 것'

— 어둡고 추운 계엄의 밤이 지나면 새들은 아름다운 시를 물고 돌아오리

2017년인가 〈스톡홀름 국제 시 페스티벌〉에 한국 대표로 참가한 적이 있다, 저녁이 되면 내가 묵고 있던 숙소 벤틀리

호텔에서 스톡홀름의 깊은 어둠 속을 걸어 공연이 열리는 스칼라 극장으로 걸어가곤 했다. 낭송 공연이 끝나고 난 관객들에게 농담을 했다. 아마 대충 이런 말이었을 것이다. "10년 안에 스톡홀름에 다시 올 것이다. 그때는 시 낭송자가 아닌 노벨문학상 수상자로 올 것이다". 처음 보는 한국 시인의 농담에 500여 명의 관객들은 웃으면서 박수를 쳐주었다.

지금 스웨덴에 있는 한강은 어떤 심정일까? 외롭고 추운 마음속에 있을 한강에게 따스한 축하의 말을 건넨다(2024년 12월 8일)

— 시적인 삶, 그대는 어떤 시를 쓰고 싶은가?

최근 한강의 노벨문학상 선정 이유 가운데 하나는 한강의 소설이 '시적 산문'이라는 것이다. '예술적 삶'을 꿈꾸고 갈망하는 인류에게 '시적'이라는 말의 의미는 무엇인가?

예술은 현실을 반영, 모방하거나 현실을 바탕으로 다른 현실을 창조한다.

현실이 반영된 예술은 현실을 사는 존재에게 또 다른 거울의 역할을 하며 존재의 모든 것을 반추하게 한다.

반면 새로운 현실을 창조하는 예술은 존재들이 상상하지 못했던 열린 문을 제시하며 그 문을 통해 존재들이 낯설고도 새로운 세계로 진입하게 한다

어떤 예술이 더 나은 것이며 더 나아간 것인가에 대한 결론은 없다, 예술은 더 나아가지도 더 물러서지도 않으며 그저 각각의 예술가가 행하는 행위, 행위의 결과물인 작품 속에서 저마다 최전선에 있기 때문이다

시는 모든 예술에 관여한다, 그럼으로써 시는 원하든 원치 않든 예술의 핵심, 고갱이가 된다, 시의 우월성을 말하려는 게 아니라 그게 시의 본질이기 때문이다

그러므로 시는 소설, 시나리오, 희곡, 연극 대본 등과 더불어 확장된 장르로서의 문학, 음악, 미술, 영화, 사진, 연극, 더 나아가 예술이 아닌 정치, 사회, 문화 등에까지 본질적으로 맞닿아 있다

'시인으로서 숨 쉬는 것조차도 하나의 정치적 행위가 되는 곳에 살고 있다'고 2004년 소월시문학상 수상 소감에 쓴 적이 있다, 그런 상황은 2024년에도 똑같다

'어느 날인가 시가 인류를 구원하리라(인류가 구원받을 만한 가치가 있다면!)'고 쓴 적도 있다

최근 한국의 현실은 전혀 시적이지 않다, 여전히 야만에

가까운 잔혹함과 이기심만이 팽배할 뿐이다, 그래도 아름다운 시민들이 있어 온몸, 온 마음으로 이 나라를 시적인 삶 쪽으로 끌고 가려 한다, 그들이 바로 시인이며, 그들의 마음이 시이다

'이 세계는 시가 적힌 한 장의 종이에 지나지 않는다'고 최근에 썼다

삶은 스스로 꿈꾸는 한 편의 시

그대여, 그대는 과연 어떤 시를 쓰고 싶은가?(2024년 12월 9일)

— 여기는 여전히 계엄의 밤, 스톡홀름의 깊은 밤 쿵스가텐 街를 따라가던 산책의 기억

북위 55도~69도에 위치하는 스웨덴이지만 스웨덴의 11월과 12월은 내 기억으론 그렇게 춥지 않았던 것 같다, 두툼한 스웨터 하나만 입어도 스톡홀름의 밤을 견딜 수 있었으니까

오후 3시가 지나면 어두워지는 스톡홀름, 숙소 벤틀리 호텔에서 간단한 식사를 하고 나오면 쿵스가텐가(왕의 정원 길)에서 스톡홀름 시청사까지 일직선으로 길은 이어져 있었다

저녁에 공연을 하거나 다른 시인의 공연을 관람하는 것 외에 특별한 일이 없던 나는 매일 왕복 두 시간 가량이 소요되는 그 길을 산책하곤 했다. 산책의 끝은 언제나 스톡홀름 시청사였다

내가 시청사에 다다를 때쯤이면 대낮인데도 이미 충분하게 어두워져 시청사 안은 환하게 전등을 밝히고 있었다. 스톡홀름 시청사는 노벨상 수상자들을 위한 연회와 만찬이 열리는 곳이다

알베르 까뮈도 르 클레지오도 오르한 파묵도 시청사에서 열리는 만찬에 참석했을 것이다. 한강도 오늘 스톡홀름 콘서트홀에서 문학상 수상을 하고 시청사 만찬 행사에 참석할 것이다. 그리고 그곳에서 문학상 수상 연설을 할 것이다

시청사까지 걸어갔다 돌아오는 길엔 주류 판매점에 들려 저녁에 마실 술을 사곤 했다(공연 전후에는 언제나 약간의 술이 필요했다). 저녁 식사는 행사 주최 측에서 스칼라 극장 근처의 식당을 이용하게 했는데 그 식당에 가기 싫을 때는 혼자 베트남 쌀국수를 먹곤 했다

워낙 술들을 많이 마셔 1인당 판매하는 병의 수까지 규정해놓은 엄격한 스웨덴에서 매일 밤마다 술을 마시는 것은 이방인인 나에게는 나름 황홀한 경험이었다

베트남 쌀국수를 먹고 술을 한잔 마시고 공연장인 스칼라 극장으로 걸어가며 키 큰 스웨덴인들의 목덜미 뒤로 빛나는 별들을 바라보며 나는 짧은 스웨덴어로 이렇게 말하곤 했다

헤이Hej, 헤이Hej, 안녕하세요

야 헤터 박정대 프론 쉬드코리아Jag heter Pak Jeong-de från sydkorea, 나는 남한에서 온 박정대입니다

탁 소 미케! 엘스카르 데이! 감사합니다, 사랑합니다, 여러분!

스톡홀름의 깊은 밤, 한강은 오늘 멀리서 빛나는 쉬드코리아의 별들을 향해 무슨 말을 할까, 그건 한강의 몫

여기는 이 강, 여전히 계엄의 밤에 있는 오랑캐 이 강

(2024년 12월 10일)

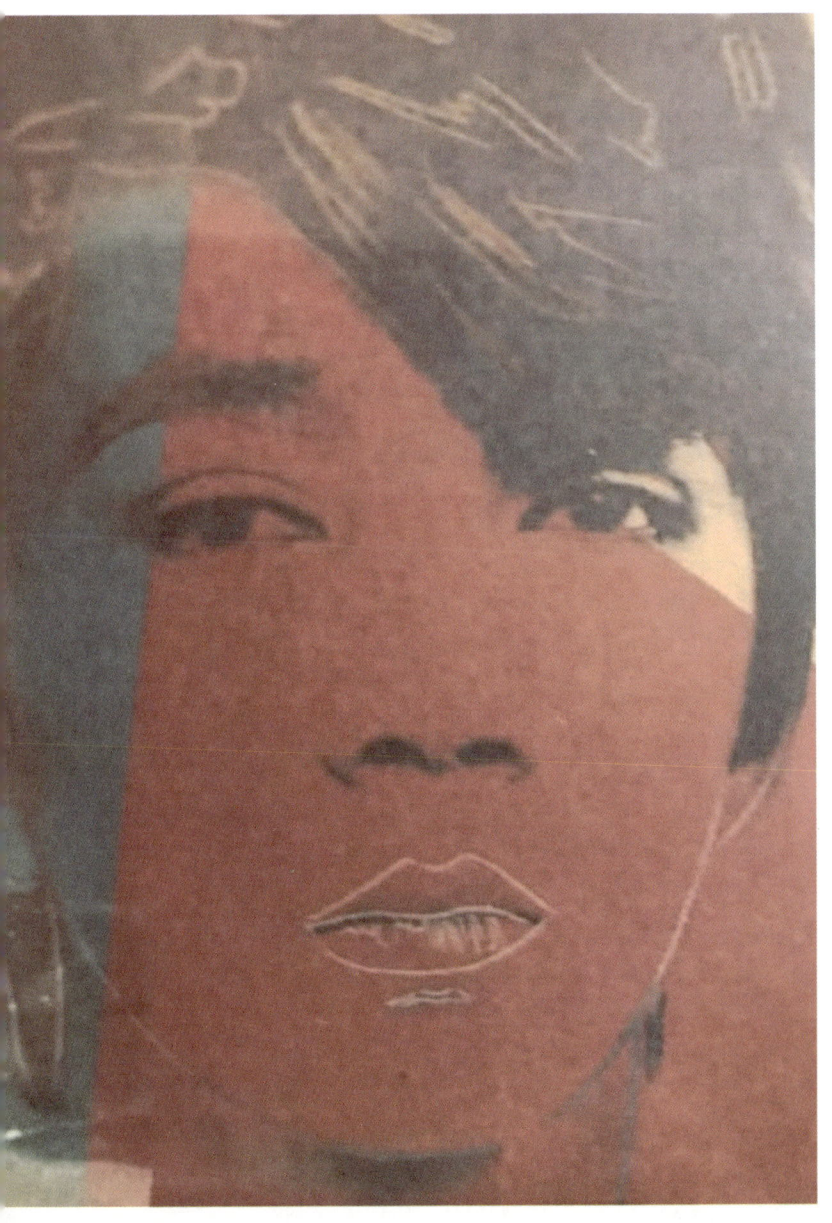

리스본 무용총서

어디를 가도 슬픔은 명멸하였다
슬픔이 바싹 말라 가랑잎처럼 불타오를 때가 나는 좋았다
아무리 세상을 떠돌아보아도, 조국이며 인민이며 국경은
모두 내 안에 있었다

그럴 때면 추운 밤하늘을 보며 한 떨기 초저녁별처럼 몸
을 떨었다
들판에 흩어진 콩깍지들 사이 흩어진 콩을 함께 주울 사
람도 없는 지상에서 사랑은 인류에 대한 연민처럼 한 송이
눈발로 나부낀다
바람에 나부껴 다 헤진 깃발을 두고 온 곳이 나의 조국이
었고 인민이었고 철 지난 사랑이었다

페이소스도 파토스도 없이 몇 개의 눈송이와 더불어 한
밤의 길을 간다
내가 가는 곳에 돋아날 지도와 새로운 행성을 나는 알지
못한다
다만 졸린 눈을 비비며 주머니 속의 고독과 더불어 그곳
에 가까스로 당도할 뿐이다

파리에 사는 동생 알렉시스 베르노가 보내온 편지를 읽는다

그곳이 정선이고 이절이고 만종이고 원주다

원주에 사는 김도연이 보내온 패엽경을 읽는다

그곳이 부에노스아이레스고 파리고 네팔이다

진위에 사는 우대식이 보내준 시집을 읽는다

그곳이 함흥이고 세상의 모든 설산이며 슬픔이다

세상의 어디를 가도 슬픔은 명멸하였다

나는 세상의 모든 곳을 떠돌았으나 나에게로 도착하여 가장 슬프다

그러나 나의 슬픔이 지상에 작은 눈송이 몇 개 흩날리게 하리라는 걸 안다

작은 눈송이 몇 개 휘날려 삭막한 겨울날 지상의 인민들을 위로하리라는 것을 안다

그리고 눈송이 흩어져 지상에 닿을 때쯤이면 그것이 몇 점의 불꽃으로 바뀌는 밤이 있다는 것을 안다

*

리스본은 환상과 슬픔의 도시다, 빛과 광각렌즈가 만들어낸 야경, 야경꾼들이 사라진 시대에 누군가는 고독의 경야에 대해 말한다

누군가의 죽음을 애도하지 마라, 모든 부재는 허공에 당당하게 나부끼고 모든 존재는 지상에 희미한 불빛으로 떠도나니

환상과 슬픔이 가로지르는 밤은 도처에 있고, 그 어느 곳에도 없다

리스본은 환상과 슬픔이 이룩한 부재의 도시, 보도블록 아래 누군가의 추억과 해변이 묻혀 있는 곳

리스본 무용총서 4,427쪽에 나오는 누구나 다 아는 이야기

멀리 타호 강이 보이는 리스본의 아침이다, 철로가 보이고 역사가 보이고 거대한 물탱크가 보이는 이 풍경이 나에겐 너무나 낯설다

어쩌다 나는 리스본까지 오게 되었는가?

그것에 대한 자세한 설명 따위는 생략하겠다, 이 글을 읽는 그대의 인생도 비밀로 가득할 테니, 비밀이 없는 생이 과연 있을까, 비밀이 없는 생은 행복할까?

의도한 것은 아니지만 어느 순간부터 비밀이 내 생의 본질이 되었다

키냐르 식의 은밀한 생과는 또 다른 차원의 비밀로 가득한 생, 그런 생이 나를 고양시키고, 나를 조금이라도 더 존재하게 한다

멀리 타호 강이 바라보이는 리스본의 아침이다, 그대는

고개를 갸우뚱거리며 묻는다, "이게 유라시아 대륙의 끝에 있다는 로카 곶 근처의 리스본이고, 타호 강이야? 리스본의 지붕들은 모두 빨간색이라던데 여기가 포르투갈 리스본 맞아요?"

맞다, 여기는 멀리 타호 강이 바라보이는 리스본의 아침이다

*

램브란트의 〈The Night Watch〉를 상상해도 좋고 세라 워터스의 『나이트 워치』를 상상해도 좋다, 둘 다 상상하지 않아도 좋다, 인간은 드러냄과 감춤의 완벽한 위장을 통해 자신의 이미지를 형성하고, 그 이미지를 통해 대사회적 자아를 표출한다, 대사회적으로 표방된 어떤 개인의 이미지에는 아무리 감추려 해도 어쩔 수 없이 드러나는 한 개인의 희로애락이 담겨 있다, 프로이트는 그것을 정신분석의 대상으로 삼았으나 니체는 그것을 뛰어넘으려 끊임없이 자신을 복제하거나 변형하고 마치 타인처럼 묘사했다, 야경꾼들 사이에서는 흔히 있는 일이었다

.

새벽이면 스무 량 정도를 단 열차가 리스본 역사에 와서 정차한다, 아침이 되면 저 열차를 타고 나는 피레네 산맥을 넘거나 한없이 펼쳐진 평원을 지나 그라나다나 이스파한쯤에 당도해 있을 것이다, 알람브라 외벽의 해자를 산책할 것인가, 햇살 가득한 이스파한의 뽕나무 가로수 길을 지나 이맘 광장 쪽으로 걸어갈 것인가, 아니면 모스크바에서 시베리아 횡단열차로 갈아타고 블라디보스토크를 거쳐 청진까지 내리 달려갈 것인가, 야경꾼들 사이에는 흔히 있는 고민이다

열차 시간에 맞춰 정거장에 도착해야 한다, 아니면 저 바람 속을 홀로 걸어서 가야 한다, 젊어서 죽은 혼이 나에게 말한다

나는 나의 길을 간다!
그러니 너는 너의 길을 가라!

젊어서 죽은 혼에게 나는 말한다

우리가 한 모든 말은 저 허공으로 흩어질 것이다, 흩어졌
던 말들은 다시 모여 눈 속을 여행하는 오랑캐의 말로 다시
태어나리라

히이힝, 말 울음소리 들리는 여기는 리스본의 아침이다

야경꾼들은 고요히 잠들라

*

리스본 타호 강 옆에는 영화 종합 촬영소가 있다
이런 곳이 있는지도 몰랐다, 은행잎이 수북하게 쌓인 가로
수 길을 따라 리스본 역까지 걸어가다 우연히 알았다
언젠가 나도 이곳에서 영화를 찍으리라
영화 제목과 시놉시스를 미리 적어놓는다

〈하라르〉

하라르에 비가 내리고

잃어버린 우산을 찾으러 나는 여기까지 왔다
하라르는 검은 커피, 이디오피아의 검은 눈물
모래바람은 빗방울에 부딪치며
하라르 하라르 소리를 낸다
"무어, 슬, 하라르, 말, 인, 가?"
혀가 꼬인 랭보는 더 이상 말을 잇지 못한다

하라르에 비가 내리고
세상의 모든 선술집은 비에 젖어 있다
이 세상 어딘가에 그가 말하던 초록 선술집이 있을 것이다
우리는 죽기 전에 그곳에 당도할 수 있을 것이다

나는 랭보를 등에 업고 달리기 시작한다
등에 업힌 랭보의 몸에서 모락모락 김이 피어오른다
"이 녀석, 아직 죽진 않았군
꿈에서도 담배를 피우고 있으니!"

— 경천동지 이 강의 변화무쌍한 고독

1523년 리스본의 어느 길모퉁이에 쭈그리고 앉아 겨울 햇볕을 쬐며 나는 『무경총요』를 집필하고 있었노라
군사와 전술을 다루는 책이었는데 지나가던 걸인이 다가와 물었노라

"그대가 지금 쓰고 있는 시는 무엇에 관한 것인가?"

나는 이후에 『무경총요』를 『여진의 용맹과 긍지』로 바꾸고 계속 써나갔노라
어느 날 행인이 나에게 말했노라

"조국이 없는 자는 희망도 없다, 그대는 어찌하여 희망도 없는 글쓰기를 계속하는가?"

나는 이후 『여진의 용맹과 긍지』를 『리스본 무용총서』로 바꾸어 지금까지 계속 써오고 있다

집필본의 일부를 최근에 『눈 속을 여행하는 오랑캐의 말』

로 출간하였다, 사람들은 그 책을 읽어보지도 않고 좋다고 말한다, 왜 그럴까?

내가 오랑캐 이 강의 이름을 빌려 그 책을 냈기 때문이다

— 1023년 리스본 무용총서

쿵, 펭, 칭, 밍, 자는 내 벗의 이름이라, 신의주와 산뚱을 거쳐 사마르칸트와 이스탄불을 지나 달빛 전구 반짝이는 이곳까지 왔으나 역병이 창궐하여 공연은 취소되고 달빛 아래 상연하던 그림자극마저 취소됐으니 불취불귀라

취하지 않으면 돌아갈 수 없게 되었노라

댄스의 발자취를 기록하는 것은 무용useless의 본질이라, 질은 조카이니 아는 이의 공연을 조카의 일처럼 도우려 했으나 조카가 할 일은 조카가 하는 게 맞고 조커의 일은 조커가 하는 게 맞느니, 나는 공연에 참석하지 않겠노라 통보하는 게 최선의 방책이었으나 뭐 그런 통보는 보통의 일이라

미루어두노라

날씨가 갸륵하게 쌀쌀해졌으므로 『1023년 리스본 무용
총서』에 한 줄로 짧게 기록해두노라

— 여진의 용맹과 긍지

일곱 개의 언덕으로 이루어진 리스본에 밤이 찾아와 나
는 밤의 계단을 밟고 고요히 나의 고독 속으로 입성하였다,
젊어서 죽은 혼과 한참을 대화하다 "아, 이곳은 어디인가?
나와 이야기하는 그대는 누구인가?" 되묻기도 하였다

리스본을 출발한 열차는 파리며 이스파한이며 저 멀리
극동의 신의주며 함흥까지도 갈 수 있다는데, 일곱 개의 언
덕으로 이루어진 리스본에 밤이 찾아와 나는 그중 한 언덕
을 오르며, "아, 몸도 마음도 피곤하여 나는 이제 돌아가련
다, 막달라 마리아여, 내 꽁꽁 언 발을 따스한 물에 씻겨줄
수 있겠느냐?" 묻기도 하였다

시가 인류를 구원한다고 당신은 말했다, 인류는 구원받을 가치가 있는가? 인류를 구원해서 도대체 뭘 하겠단 말인가? 인류는 그냥 망하게 둬라!

빌어먹을 사랑 따위는 삼랑진과 저기 알제리의 오랑 사이에 대충 던져두어라, 젊어서 죽은 혼은 자꾸만 나에게 그렇게 속삭인다

하나의 언덕을 올라와 밤의 계단을 지나 생의 밀정처럼 또 하나의 리스본으로 스며든다, 커피 한 잔을 마신다, 날개가 부러진 커피잔에는 나를 따라온 까몽이스 광장의 어둠이 담겨 있다

저 커피잔에도 옛날에는 날개가 달려 있었다

— 눈 속을 여행하는 오랑캐의 말

시월은 센 강의 바람이 강둑을 넘어 파리 시내 곳곳으로 부는 달, 사람들의 얇은 옷깃을 두툼하게 만들고 눈동자를

더 청명하게 만든다, 블로뉴 숲에서 불어온 바람은 튈르리 공원을 맴돌다 콩코드 광장으로 빠져나가고 나머지 바람은 몽마르트르 언덕 쪽으로 기어오른다, 하늘의 구름들이 읽어주는 문장은 파리 시내를 걷는 산책자의 귀에 부드럽게 안착한다, 시월은 오르세에서 루브르까지 펼쳐진 풍경들이 그대로 거대한 화폭, 하나의 영상이 된다, 새들이 물고 가는 풍경과 남겨놓은 풍경, 시월의 파리에 저녁이 오면 뤼 뒤 바크 가에서 천천히 걸어 카페 플로르를 지나 레 되 마고에 당도할 일이다, 되 마고 야외 테이블에 앉아 깊어가는 야경을 바라보며 별들과 함께 크로넨부르 1664 맥주라도 마실 일이다, 시월의 파리에서 누군가 별들의 눈동자를 바라보며 취해갈 때 샤를 드골은 코를 골며 공항 근처에서 잠이 들고 아직 잠들지 않은 별들은 여전히 그대와 함께 한 잔의 술을 마시리니, 우리의 고향은 우리가 술을 다 마시는 곳, 술이 다 떨어져 이제 잠들어야 하는 곳, 시월의 파리는 술을 마시고 잠들기 좋은 곳, 스물두 살의 몰리에르와 내가 극단 〈파리의 경천동지〉를 함께하던 곳, 춥지만 따스했던 시월의 파리, 그대는 기억하는가, 퓌르스탕베르 광장 들라크르와 박물관 3층에 숨겨두었던 우리의 다락방을

(암전)

갈 곳을 잃은 영혼들이 참 많더라, 인류를 대신하여 울고 추운 거리를 떠도는 건 시인인 줄 알았는데 추운 거리를 떠도는 인민들이 너무 많더라, 어쩌다 국경의 남쪽은 이렇게 되었느냐, 슬픔이 슬픔을 주머니 속에 넣고 걸어가는 거리에서 바람은 여전히 차갑게 불어오더라, 가수는 입을 다물고 시인은 펜을 내려놓는데 아무도 시를 쓰지 않는 시대, 누구도 더 이상 노래하지 않는 시대여, 네 영혼은 끝내 문지방을 넘지 못하고 겨자씨처럼 작아져 어둡고 추운 방안에서 뒹굴고 있구나, 너의 안온이 너의 불안이 되는 시대에 갈 곳을 잃은 영혼이여, 추운 거리에서 마지막 불빛이 꺼질 때까지 나는 너를 기다리나니, 노래하는 입술이여, 시를 품은 심장이여, 이곳으로 오라, 여기는 시의 심장들이 모여 여전히 노래하는 곳, 누군가 인류를 대신해 울고 있는 곳, 열두 개의 계절을 통과한 동방박사들이 별빛을 지나 하나의 장엄한 아름다움을 향해 찾아드는 곳, 아직 꺼지지 않는 마지막 한 점 불씨가 남아 있는 곳

(암전)

259

오랑캐의 말들은 폭설을 헤치며 밤새 나아간다

달빛은 슬픈 오랑캐의 벗, 별빛은 오랑캐의 화살 끝에서 아름다운 지도처럼 빛나고 말발굽과 갈기는 밤새 젖어 있다

모닥불을 피워 네 언 손과 발을 말려주랴

북을 두드려 네 심장을 데워주랴

아침이 오면 태양은 저 멀리서 빛나는 원군처럼 달려올 테지만 먼 곳에서 가까운 곳에서 아침이나 낮이나 어느 계절에서나 태양은 늘 우리의 편이었으니 심지어는 밤에도 태양은 늘 우리의 것이었으니

밤새 어깨 위에 쌓인 눈송이와 눈송이 위에 쌓인 별빛을 털어내며 너는 말한다

사랑이여, 그대를 보기 위해 석 달 열흘 눈보라 속을 두 눈 부릅뜨고 달려왔노라, 심장의 불꽃 하나로 온몸 온 마음을 덥히며 여기까지 왔노라

*

세계는 나에게 있어서도 촛불의 불꽃에 비추어지고 있는
어려운 책이다
— 가스통 바슐라르

사랑과 혁명의 불가해성은 사랑과 혁명의 대상인 인간과
세계에 대한 불가해성으로부터 온다, 그러나 그것은 이해할
수 없지만 아름다운 불가해성이며, 타인에게 해를 끼치지 않
는 불가해성이기도 하다

누군가는 사랑을 위해 혁명을 하고
누군가는 혁명을 위해 사랑을 하고
누군가는 사랑과 혁명을 위해 시를 쓴다

그러니까 시를 쓰는 행위는, 사랑과 혁명의 불가해성을 이
해하려는 부단한 행위이며 사랑과 혁명의 공동선을 쟁취하
려는 개인적 사투의 흔적이다

누군가는 사랑을 한다

누군가는 혁명을 한다
누군가는 시를 쓴다

누군가는 이 모든 것을 하고
누군가는 아무것도 하지 않는다

나는 아무것도 하지 않으면서 이 모든 것을 한다

12월이니까 가능한 일이다

─ 1644년 파리 무용총서

1622년에 태어난 장 바티스트 포클랭 몰리에르는 1644년
에는 스물두 살이 되었다, 파리의 어느 극단에서 나와 함께
작가 겸 배우로서 활동했는데, 그의 부모들에게는 경천동지
할 일이었다

그래서 우리는 극단의 이름을 〈파리의 경천동지〉로 정하
고 배우와 단원들을 뽑았다, 당시 동북면 여진족 함타이치

는 배우로 지원했는데, 늘상 술에 취해 있었으므로 발음에 약간의 문제가 있었으나 워낙 매력적인 캐릭터라 〈파리의 경천동지〉에 꼭 필요한 배우라고 나는 다른 관계자들을 설득했다. 더군다나 그가 시인임을 아는 사람이 다섯 명이나 되는 그는 파리의 유명한 시인이었다

우리는 파리의 고아들이었다. 나아가 우리는 불란서 고아였으며 예술의 고아들이었다

우리의 삶의 모토는 참으로 단순했다

"우리는 우리의 삶을 살아간다
삶이 우리를 따라오리라
그렇지 않은 삶은 우리의 삶이 아니다"

금요일 저녁이면 우리는 세상의 끝에서 만난다, 세상 끝 탁자에 앉아 술을 마시고 담배를 피우며 킬킬댄다

예술가를 대하는 세상의 차가운 인심과 천박함에 대해 우리만의 아름다운 퍽큐를 날린다

손가락 끝과 입술에서 피어오른 회의와 한탄, 찬탄은 자욱한 안개가 되어 허공을 떠돌다 이내 다시 우리에게로 되돌아온다

그래도 우리는 여전히 세상 끝, 안개의 의자에 앉아 안개의 탁자 위에 놓인 안개의 술을 마신다

여전히 아름답지 않은 세상을 향해 여전히 푸르고 아름다운 담배 연기를 봉화처럼 피워 올리는 방드르디 지역의 올빼미 당원들, 일명 예술의 고아들이 금요일 밤마다 벌이는 해프닝이다

금요일 저녁이면 세상의 모든 예술가는 세상의 끝에 있다, 아니 스스로 세상의 끝이 된다

그러나 어떤 예술가의 존재는 그 '있음'만으로도 또 다른 세계의 시작이 된다

*

다시 방드르디, 세상의 끝에 있는 금요일 저녁으로 돌아가보자

금요일 저녁이면 약속도 하지 않았는데 세상에서 가장 외로운 사람들이 홍대 뮤직바 코케인으로 모여든다, 약속 같은 것도 없이 불현듯 오랑캐들은 모인다

아마 2021년 겨울이었을 것이다, 함타이치, 리산, 강정, 서준환, 나, 이렇게들 모였다, 나는 그들을 오랑캐라고 부른다, 그들이 동의하거나 말거나 나는 영혼의 동지들을 오랑캐라 부른다, 이날 참석하지 못한 문태준, 신동옥, 박제영 시인, 엄경희 평론가도 역시 오랑캐들이다

그날 밤 우리는 빅토르 최, 톰 웨이츠, 관산융마 등을 들으며 맥락 없이 아름다운 대화를 밤늦도록 나누었을 것이다

그리고 함박눈이 쏟아지는 새벽녘 코케인을 나섰을 것이다

그날 찍은 영상 〈코케인, 무한의 창가에서〉를 이절국제영화제 오프닝 작으로 올리려 하는데 아직은 그럴 기회를 갖지 못했다

대신 코케인에서 오랑캐들이 밤새 뭘 하면서 노는지 알 수 있는 시 한 편이 있으니 궁금하신 분은 읽어보시라

아픈 왼쪽 허리를 낡은 의자에 기대며 네 노래를 듣는 좌파적 저녁

기억하는지 톰, 그때 우리는 눈 내리는 북구의 밤 항구 도시에서 술을 마셨지

검은 밤의 틈으로 눈발이 쏟아져 피아노 건반 같던 도시의 뒷골목에서 톰, 너는 바람 냄새나는 차가운 목소리로 노래를 불렀지

집시들이 다 그 술집으로 몰려왔던가

네 목소리엔 집시의 피가 흘렀지, 오랜 세월 길 위를 떠돈 자의 바람 같은 목소리

북구의 밤은 깊고 추워 노래를 부르는 사람도 노래를 듣는 사람도 모두 부랑자 같았지만 아무렴 어때 우리는 아무것도 꿈꾸지 않아 모든 걸 꿈꿀 수 있는 지상의 은둔자였지

생의 바깥이라면 그 어디든 떠돌았지

시간의 문틈 사이로 보이던 또 다른 생의 시간, 루이 아말렉은 축구 경기를 보며 소리를 질렀고 올리비에 뒤랑스는 술에 취해 하염 없이 문밖을 쳐다보았지

삶이란 원래 그런 것 하염없이 쳐다보는 것 오지 않는 것들을 기 다리며 노래나 부르는 것

부랑과 유랑의 차이는 무엇일까

삶과 생의 차이는 무엇일까

그때나 지금이나 우리는 여전히 모르지만 두고 온 시간만은 선 반 위에 고스란히 쌓여 있겠지

죽음이 매 순간 삶을 관통하던 그 거리에서 늦게라도 친구들은 술집으로 모여들었지

양아치 탐정 파올로 그로쏘는 검은 코트 차림으로 왔고 콧수염 의 제왕 장 드 파는 콧수염을 휘날리며 왔지

움직이는 모든 것들이 시였고 움직이지 않는 모든 것들의 내면도 시였지

기억하는지 톰, 밤새 가벼운 생들처럼 눈발 하염없이 휘날리던 그 날 밤 가장 서럽게 노래 불렀던 것이 너였다는 것을

죽음이 관통하는 삶의 거리에서 그래도 우리는 죽은 자를 추모하며 죽도록 술을 마셨지

밤새 눈이 내리고 거리의 추위도 눈발에 묻혀갈 즈음 파올로의 작은 손전등 앞에 모인 우리가 밤새 했던 것은 생의 어떤 실마리였을까

맥주 가게와 담배 가게를 다 지나면 아직 야근 중인 공장 불빛이 빛나고 다락방에서는 여전히 꺼지지 않은 불빛 아래서 누군가 끙끙거리며 생의 선언문 초안을 작성하고 있었지

누군가는 아프게 생을 밀고 가는데 우리는 하염없이 생을 탕진해도 되는 걸까 생각을 하면 두려웠지 두려워서 추웠지 그래서 동이 틀 때까지 너의 노래를 따라 불렀지

기억하는지 톰, 그때 내리던 눈발 여전히 내 방 창문을 적시며 아직도 내리는데 공장의 불빛은 꺼지고 다락방의 등잔불도 이제는 서서히 꺼져가는데 아무도 선언하지 않는 삶의 자유

끓어오르는 자정의 혁명, 고양이들만 울고 있지

그러니까 톰, 그때처럼 노래를 불러줘, 떼 지어 몰려오는 눈발 속에서도 앙칼지게 타오르는 불꽃의 노래를

그러니까 톰, 지금은 아픈 왼쪽 허리를 낡은 의자에 기대며 네 노래를 듣는 좌파적 저녁

— 〈톰 웨이츠를 듣는 좌파적 저녁〉

*

누가 뭐래도 난 오랑캐들이 좋다, 그들의 글, 맑은 눈빛, 장난기 가득한 목소리가 좋다, 누군가의 표현에 의하면 '참 지랄 맞은 순정'이다

오랑캐들이여, 목요일이든 금요일이든 그 무슨 요일이든, 조만간 코케인에서 만나 한잔하며 회포나 풀자

표지 사진은 이철호 형이 찍은 중앙아시아 천산산맥의 풍경이다, 아름다운 풍경은 사람을 배반하지 않는다

달아실에서 펴낸 박정대의 책들

시집『체 게바라 만세』(2023)
시집『눈 속을 여행하는 오랑캐의 말』(2023)

담배에 관한 짧고
아름다운 한 권의 책

1판 1쇄 발행	2025년 10월 10일

지은이	박정대
발행인	윤미소
발행처	(주)달아실출판사

책임편집	박제영
디자인	전부다
편집위원	김선순, 이나래
법률자문	김용진, 이종진

주소	강원도 춘천시 춘천로 257, 2층
전화	033-241-7661
팩스	033-241-7662
이메일	dalasilmoongo@naver.com
출판등록	2016년 12월 30일 제494호

ⓒ 박정대, 2025
ISBN 979-11-7207-074-8 03810